Direito
constitucional
tributário

volume 1

Central de Qualidade — FGV Management
ouvidoria@fgv.br

PUBLICAÇÕES
FGV Management

SÉRIE DIREITO TRIBUTÁRIO

Direito constitucional tributário

volume 1

Joaquim Falcão
Sérgio Guerra
Rafael Almeida

Organizadores

FGV | DIREITO RIO
EDITORA
IDE

Copyright © 2015 Joaquim Falcão; Sérgio Guerra; Rafael Almeida

Direitos desta edição reservados à
EDITORA FGV
Rua Jornalista Orlando Dantas, 37
22231-010 — Rio de Janeiro, RJ — Brasil
Tels.: 0800-21-7777 — 21-3799-4427
Fax: 21-3799-4430
e-mail: editora@fgv.br — pedidoseditora@fgv.br
web site: www.fgv.br/editora

Impresso no Brasil / *Printed in Brazil*

Todos os direitos reservados. A reprodução não autorizada desta publicação, no todo ou em parte, constitui violação do copyright (Lei nº 9.610/98).

Os conceitos emitidos neste livro são de inteira responsabilidade dos autores.

1ª edição — 2015.

Coordenação editorial e copidesque: Ronald Polito

Editoração eletrônica: FA Editoração Eletrônica

Revisão: Marco Antonio Corrêa e Victor da Rosa

Capa: aspecto:design

**Ficha catalográfica elaborada pela
Biblioteca Mario Henrique Simonsen/FGV**

Direito constitucional tributário, v.1 / Joaquim Falcão, Sérgio Guerra, Rafael Almeida (Org.). - Rio de Janeiro : Editora FGV, 2015.
180 p. — (Direito tributário (FGV Management))

Publicações FGV Management.
Inclui bibliografia.
ISBN: 978-85-225-1719-0

1. Direito tributário. 2. Direito constitucional. I. Falcão, Joaquim, 1943- . II. Guerra, Sérgio, 1964- . III. Almeida, Rafael. IV. Fundação Getulio Vargas. V. FGV Management. VI. Série.

DD – 341.39

Nossa missão é construir uma escola de direito referência no Brasil em carreiras públicas e direito empresarial, formando lideranças para pensar o Brasil a longo prazo e ser referência no ensino e na pesquisa jurídica para auxiliar o desenvolvimento e avanço do país.

FGV DIREITO RIO

Sumário

Apresentação 11

Introdução 13

1 | Conceito de tributo e direito tributário 15
    Roteiro de estudo 15
    Conceito de tributo 15
        a) Prestação pecuniária 19
        b) Compulsória 19
        c) Em moeda ou cujo valor nela se possa exprimir 20
        d) Que não constitua sanção de ato ilícito 22
        e) Instituído em lei 24
        f) Cobrada mediante atividade administrativa plenamente vinculada 26
    A diferença entre os tributos e as demais receitas públicas 27
        a) Preço público 31

      b) Compensações financeiras 43
      c) Ingressos comerciais 44
   3. Casos especiais 45
     3.1 Contribuição ao FGTS 45
     3.2 Contribuições previdenciárias 49
Questões de automonitoramento 52

2 | Conceito de tributo e direito tributário: a validação constitucional das espécies tributárias 53
Roteiro de estudo 53
   1. Introdução 53
   2. Imposto 58
      a) Conceito 58
      b) Classificação 63
   3. Taxa 69
      a) A origem da taxa no texto constitucional brasileiro 69
      b) Fato gerador e base de cálculo 70
      c) Competência 76
      d) O princípio da capacidade contributiva 78
      e) As espécies de taxas 79
        e.1) Taxa de Polícia 79
        e.2) Taxa de Serviço 82
        e.3) Pedágio 84
   4. Contribuição de melhoria 86
   5. Contribuição especial 88
   6. Empréstimo compulsório 97
Questões de automonitoramento 98

3 | Federalismo fiscal e a repartição das competências tributárias 99
Roteiro de estudo 99

1. Federalismo 99
2. Imunidade recíproca 113
   2.1 O véu da imunidade recíproca ou mútua sobre as autarquias dos entes políticos 116
   2.2 A extensão da imunidade recíproca ou mútua sobre as fundações públicas dos entes políticos 118
   2.3 As empresas públicas e as sociedades de economia mista prestadoras de serviço público de prestação obrigatória e exclusiva do Estado e a imunidade recíproca 119
3. Uniformidade geográfica 121
   3.1 Demais vedações específicas à União para proteção do pacto federativo 124
4. Não discriminação: origem/destino 132

Questões de automonitoramento 136

4 | **Princípio da legalidade** 137

Roteiro de estudo 137
1. Origem 137
2. O princípio da legalidade 139
3. Legalidade x reserva legal 141
4. Exceções ao princípio da legalidade 142
5. Os limites da edição de medida provisória no direito tributário 145
6. Tipicidade tributária 148

Questões de automonitoramento 153

5 | **Sugestões de casos geradores** 155

Conceito de tributo e direito tributário (cap. 1) 155

Conceito de tributo e direito tributário: a validação constitucional das espécies tributárias (cap. 2)   156

Federalismo fiscal e a repartição das competências tributárias (cap. 3)   156

Caso 1   156

Caso 2   157

Princípio da Legalidade (cap. 4)   158

Conclusão   161

Referências   163

Organizadores   171

Colaboradores   173

Apresentação

Aliada à credibilidade de mais de meio século de excelência no ensino de economia, administração e de outras disciplinas ligadas à atuação pública e privada, a Escola de Direito do Rio de Janeiro da Fundação Getulio Vargas — FGV DIREITO RIO — iniciou suas atividades em julho de 2002. A criação dessa nova escola é uma estratégia da FGV para oferecer ao país um novo modelo de ensino jurídico capaz de formar lideranças de destaque na advocacia e nas carreiras públicas.

A FGV DIREITO RIO desenvolveu um cuidadoso plano pedagógico para seu Programa de Educação Continuada, contemplando cursos de pós-graduação e de extensão. O programa surge como valorosa resposta à crise do ensino jurídico observada no Brasil nas últimas décadas, que se expressa pela incompatibilidade entre as práticas tradicionais de ensino do direito e as demandas de uma sociedade desenvolvida.

Em seu plano, a FGV DIREITO RIO assume o papel de formar profissionais preparados para atender às reais necessidades e expectativas da sociedade brasileira em tempos de globalização.

Seus cursos reforçam o comprometimento da escola em inserir no mercado profissionais de direito capazes de lidar com áreas interdisciplinares, dotados de uma visão ampla das questões jurídicas e com sólidas bases acadêmica e prática.

A Série Direito Tributário é um importante instrumento para difusão do pensamento e do tratamento dado às modernas teses e questões discutidas nas salas de aula dos cursos de MBA e de pós-graduação, focados no direito tributário, desenvolvidos pela FGV DIREITO RIO.

Dessa forma, esperamos oferecer a estudantes e advogados um material de estudo que possa efetivamente contribuir com seu cotidiano profissional.

Introdução

Este primeiro volume dedicado ao estudo de direito constitucional tributário tem origem em profunda pesquisa e sistemática consolidação dos materiais de aula acerca de temas que despertam crescente interesse no meio jurídico e reclamam mais atenção dos estudiosos do direito. A intenção da Escola de Direito do Rio de Janeiro da Fundação Getulio Vargas é tratar de questões atuais sobre o tema, aliando a dogmática e a pragmática jurídicas.

A obra aborda, de forma didática e clara, os conceitos e princípios de direito constitucional tributário, analisando as questões em face das condições econômicas do desenvolvimento do país e das discussões recentes sobre o processo de reforma do Estado.

O material aqui apresentado abrangerá assuntos relevantes, como:

- conceito de tributo e direito tributário;
- conceito de tributo e direito tributário: a validação constitucional das espécies tributárias;
- federalismo fiscal e a repartição das competências tributárias;

❏ princípio da legalidade.

Em conformidade com a metodologia da FGV DIREITO RIO, cada capítulo conta com o estudo de *leading cases* para auxiliar na compreensão dos temas. Com ênfase em casos práticos, pretendemos oferecer uma análise dinâmica e crítica das normas vigentes e sua interpretação.

Esperamos, assim, fornecer o instrumental técnico-jurídico para os profissionais com atuação ou interesse na área, visando fomentar a proposição de soluções criativas para problemas normalmente enfrentados.

1

Conceito de tributo e direito tributário

Roteiro de estudo

1. Conceito de tributo

Inicialmente, importante consignar que, no âmbito do ordenamento jurídico pátrio, a Constituição da República Federativa do Brasil de 1988 — CRFB/1988 deixou de estabelecer formalmente um conceito predefinido de tributo, atribuindo ao intérprete do direito o ônus de "perceber, atrás da fachada constitucional, a que princípios jurídicos se reportou o constituinte na parte tributária, no que diz respeito ao conceito de tributo, à repartição de suas espécies"[1] e, assim, buscar o sentido e os contornos da expressão genérica "tributo".

Faz-se necessário, assim, interpretar sistematicamente as disposições constitucionais que arrolam as diversas espécies

---

[1] COÊLHO, Sacha Calmon Navarro. Classificação dos Tributos. *Revista de Direito Tributário*, São Paulo, n. 47, p. 180, 1989.

de exação, como impostos, taxas e empréstimos compulsórios, em conjunto com o disposto no art. 3º do Código Tributário Nacional — CTN,[2] instituído pela Lei nº 5.172 de 25/10/66,[3] como se verá.

Em verdade, diversamente da norma constitucional, o CTN, enquanto lei ordinária recepcionada pela CRFB/1988 com *status* de lei complementar,[4] prevê expressamente o conceito de tributo. Bem por isso, é de se notar que a própria Carta Magna de 1988, em seu art. 146, inciso III, alínea *"a"*,[5] atribui à lei complementar, entre outras funções, a de estabelecer a definição de tributo, tarefa desempenhada pelo Código Tributário Nacional, que, conforme as lições de Luciano Amaro, "adotou uma linha didática na disciplina do sistema tributário, insistindo, ao longo do seu texto, na fixação de certos conceitos básicos".[6]

---

[2] Lei nº 5.172, de 25 de outubro de 1966. Art. 3º Tributo é toda prestação pecuniária compulsória, em moeda ou cujo valor nela se possa exprimir, que não constitua sanção de ato ilícito, instituída em lei e cobrada mediante atividade administrativa plenamente vinculada.

[3] A Lei nº 5.172/1966 foi intitulada Código Tributário Nacional pelo Ato Complementar nº 36/1967. A referida lei é formalmente ordinária, tendo sido recepcionada como lei complementar pelas Constituições Brasileiras de 1967 e de 1988 (Ver: BRASIL. Supremo Tribunal Federal. RE n. 93.850-MG. Pleno. Relator: ministro Moreira Alves. Julgado em 20 de maio de 1982. *DJ*, 27 de agosto de 1982. RTJ, 105/194).

[4] A superveniência de uma nova Constituição acarreta o surgimento de três possíveis fenômenos ligados ao processo legislativo: a desconstitucionalização, a recepção e a repristinação. A recepção, segundo Alexandre de Moraes, "consiste no acolhimento que uma nova constituição posta em vigor dá às leis e atos normativos editados sob a égide da Carta anterior, desde que compatíveis consigo. O fenômeno da recepção, além de receber materialmente as leis e atos normativos compatíveis com a nova Carta, também garante a adequação à nova sistemática legal". MORAES, Alexandre de. *Direito constitucional*. São Paulo: Atlas, 2001. p. 511.

[5] Constituição da República federativa do Brasil de 1988: Art. 146. Cabe à lei complementar: III — estabelecer normas gerais em matéria de legislação tributária, especialmente sobre: a) definição de tributos e de suas espécies, bem como, em relação aos impostos discriminados nesta Constituição, a dos respectivos fatos geradores, bases de cálculo e contribuintes.

[6] AMARO, Luciano. *Direito tributário brasileiro*. 12. ed. rev. e atual. São Paulo: Saraiva, 2006. p. 19.

Como veremos, o referido diploma legal apresenta seis elementos básicos para a identificação dos tributos, sendo certo que a farta discussão doutrinária sobre o tema gira em torno de que esses elementos que integram a definição não seriam suficientes, vez que outras classes que não são tributos, mas integram os cofres públicos, se enquadrariam na definição.[7] Passa-se, portanto, a abordar a conceituação doutrinária de tributo sob a égide dos ensinamentos de alguns renomados autores em seara de direito tributário para, a seguir, analisar as especificidades do comando normativo expresso no bojo do art. 3º, do CTN.

O termo tributo em seu sentido primitivo correspondia a uma imposição que, posteriormente ao término do período de guerra entre povos, o vencedor atribuía ao vencido, conforme nos esclarece a lição de Luiz Emygdio F. Rosa Junior.[8] Acrescenta ainda o autor que, "hodiernamente, o tributo constitui uma fonte normal de recursos para o Estado (*fim fiscal*) e um instrumento de que se serve para intervir nos domínios econômico, social e político (*fim extrafiscal*)".

Sob a ótica de Ricardo Lobo Torres o tributo pode ser conceituado como

[...] o dever fundamental, consistente em prestação pecuniária que, limitado pelas liberdades fundamentais, sob a diretiva dos princípios constitucionais da capacidade contributiva, do custo/ benefício ou da solidariedade do grupo e com a finalidade principal ou acessória de obtenção de receita para as necessidades públicas ou para atividades protegidas pelo Estado, é exigido de

---

[7] Sobre o tema: AMARO, Luciano. *Direito tributário brasileiro*. 9. ed. São Paulo: Saraiva, 2003. p. 20 e TORRES, Ricardo Lobo. *Curso de direito financeiro e tributário*. São Paulo: Renovar, 2003. p. 334.
[8] ROSA JUNIOR, Luiz Emygdio F. da. *Manual de direito financeiro e direito tributário*. 18. ed. rev. e atual. Rio de Janeiro: Renovar, 2005. p. 198.

quem tenha realizado o fato descrito em lei elaborada de acordo com a competência específica outorgada pela Constituição.[9]

Luciano Amaro[10] conceitua tributo como "a prestação pecuniária não sancionatória de ato ilícito, instituída em lei e devida ao Estado ou a entidades não estatais de fins de interesse público". Vale consignar que o autor censura a expressão "prestação compulsória" contida no art. 3º, do CTN, porquanto

[...] qualificar a prestação (tributo) como compulsória nada particulariza nem especifica. O devedor de obrigação não tributária também é compelível a efetuar a prestação objeto de sua obrigação jurídica, porque o credor dessa prestação tem o direito de exigi-la, coercitivamente.

O Código Tributário Nacional, como mencionado, prevê expressamente o conceito de tributo, definindo-o como "toda prestação pecuniária compulsória, em moeda ou cujo valor nela se possa exprimir, que não constitua sanção de ato ilícito, instituída em lei e cobrada mediante atividade administrativa plenamente vinculada".

Entretanto, é importante asseverar que esse conceito é **excludente**. Em outras palavras, permite apenas perceber quais prestações não têm natureza tributária, por não possuírem as características nele contidas. Por outro lado, o fato de determinada exigência encaixar-se naquele conceito não significa, necessariamente, que esta tem natureza tributária.

A seguir, serão explicitados os elementos básicos do conceito de tributo estabelecido pelo art. 3º, do Código Tributário Nacional.

---

[9] TORRES, Ricardo Lobo. *Curso de direito financeiro e tributário*, 2003, op. cit., p. 334.
[10] AMARO, Luciano. *Direito tributário brasileiro*, 2003, op. cit., p. 21 e 25.

a) Prestação pecuniária

Em regra, o cumprimento da obrigação de pagar tributo deve se dar na forma de pecúnia (dinheiro), sendo a prestação objeto da relação jurídica tributária aquela "tendente a assegurar ao Estado os meios financeiros de que necessita para a consecução de seus objetivos, por isto que é de natureza pecuniária".[11] Desse modo, o Estado impõe ao contribuinte, por meio do exercício do poder de império, uma prestação pecuniária, ou seja, uma obrigação[12] cujo conteúdo se expressa em moeda, sendo importante notar, como sustenta Leandro Paulsen,[13] que não se pode perder de vista a circunstância de que o "tributo, necessariamente, é obrigação pecuniária voltada ao custeio das atividades dos entes políticos ou outras atividades do interesse público".

b) Compulsória

O nascimento da obrigação de pagar tributos decorre diretamente da lei (obrigação *ex lege*) e não da vontade dos sujeitos da relação jurídica (obrigação *ex voluntate*), ou seja, remanesce ausente o elemento *voluntas* no "suporte fático da incidência da norma de tributação".[14] Assim, a manifestação de vontade do contribuinte é irrelevante para o nascimento da obrigação tributária, inexistindo opção em não cumpri-la, visto que esta deriva da lei.

---

[11] MACHADO, Hugo de Brito. *Curso de direito tributário*. 25. ed. rev. atual. e amp. São Paulo: Malheiros, 2004. p. 69.
[12] Para alguns autores o tributo constitui um dever jurídico, pois trata-se de uma sujeição, inexistindo aspecto volitivo na conduta.
[13] PAULSEN, Leandro. *Direito tributário*: Constituição e Código Tributário à luz da doutrina e da jurisprudência. 9. ed. rev. atual. Porto Alegre: Livraria do Advogado, 2007. p. 607.
[14] MACHADO, Hugo de Brito. *Curso de direito tributário*, 2004, op. cit., p. 69.

Vale consignar, por oportuno, ao arrimo da lição de Amílcar Falcão,[15] que não basta apenas a existência de lei para que a obrigação tributária se instaure e sim "que surja concretamente o fato ou pressuposto que o legislador indica como sendo capaz de servir de fundamento à ocorrência da relação jurídica tributária. [...] que se dá o nome de fato gerador".

Assim, a compulsoriedade da prestação tributária a diferencia das prestações pecuniárias de caráter privado, uma vez que estas decorrem diretamente do contrato e indiretamente da lei, enquanto a prestação tributária decorre exclusivamente do comando legal (Amaro, 2003:21).[16]

c) Em moeda ou cujo valor nela se possa exprimir

De acordo com o entendimento majoritário da doutrina,[17] a prestação tributária é expressa em moeda,[18] pois essa é a forma comum de extinção do crédito tributário.

Há, entretanto, autores como Paulo de Barros Carvalho[19] e Celso Ribeiro Bastos[20] (1991:143) que defendem que o art. 3º, do CTN, acaba por permitir, além da criação de tributos *in specie*, a criação de tributos *in natura* ou *in labore*.[21]

---

[15] FALCÃO, Amílcar. *Fato gerador da obrigação tributária*. 6. ed. Rio de Janeiro: Forense, 2002. p. 2.
[16] AMARO, Luciano. *Direito tributário brasileiro*, 2003, op. cit., p. 21.
[17] Cf. MACHADO, Hugo de Brito. *Curso de direito tributário*, 2004, op. cit., p. 69; AMARO, Luciano. *Direito tributário brasileiro*, 2003, op. cit., p. 20; COÊLHO, Sacha Calmon Navarro. *Curso de direito tributário brasileiro*. 6. ed. Rio de Janeiro: Forense, 2003. p. 692.
[18] Ver: MACHADO, Hugo de Brito. *Curso de direito tributário*, 2004, op. cit., p. 69 e AMARO, Luciano. *Direito tributário brasileiro*, 2003, op. cit., p. 20.
[19] CARVALHO, Paulo de Barros. *Curso de direito tributário*. 6. ed. São Paulo: Saraiva, 1993. p. 21.
[20] BASTOS, Celso Ribeiro. *Curso de direito financeiro e de direito tributário*. São Paulo: Saraiva, 1991. p. 143.
[21] Hugo de Brito Machado, partidário da tese de que no direito brasileiro não se admitem os tributos *in natura* e *in labore*, assim os exemplifica: tributo *in natura* seria "[...] aquele estabelecido sem qualquer referência a moeda. Por exemplo, um imposto sobre

No entanto, repita-se, *a doutrina majoritária sustenta que o conteúdo da prestação tributária é expresso em valor monetário*.

Outra questão que surge com relação ao tema diz respeito à interpretação conjunta do art. 3º e do art. 156,[22] ambos do CTN, especialmente após este último ter sido alterado pela Lei Complementar nº 104, de 10 de janeiro de 2001. Isto porque, com a inclusão do inciso XI ao art. 156 do CTN pela referida lei complementar, passou-se a admitir como forma de extinção do crédito tributário a dação em pagamento em bens imóveis, na forma e condições estabelecidas em lei.

A esse respeito, vale mencionar a diferença entre os institutos, uma vez que a quitação do tributo quando ainda não há crédito constituído, como nos pagamentos antecipados feitos nos tributos sujeitos a lançamento por homologação, só é admitida em pecúnia, ao passo que a constituição do crédito permite à lei ordinária federal, estadual, municipal ou distrital a previsão da forma e das condições em que a extinção do crédito poderá se dar por meio da dação em pagamento de bens imóveis.

---

a importação de trigo, cuja lei instituidora determinasse que, por cada tonelada de trigo importado o importador entregaria, a título de tributo, cem quilos de trigo à União", já o tributo *in labore*, para o autor, "[...] seria aquele instituído também sem qualquer referência à moeda. Por exemplo, um imposto sobre a atividade profissional, cuja lei instituidora determinasse que todo profissional liberal seria obrigado a dar um dia de serviço por mês à entidade tributante". MACHADO, Hugo de Brito. *Curso de direito tributário*. 22. ed. rev. atual. e amp. de acordo com a EC 39/2002. São Paulo: Malheiros, 2003. Ver também o art. 5º da Lei nº 4.393/2003 do Rio Grande do Sul.

[22] Lei nº 5.172, de 25 de outubro de 1966. Art. 156. Extinguem o crédito tributário: I — o pagamento; II — a compensação; III — a transação; IV — remissão; V — a prescrição e a decadência; VI — a conversão de depósito em renda; VII — o pagamento antecipado e a homologação do lançamento nos termos do disposto no artigo 150 e seus §§1º e 4º; VIII — a consignação em pagamento, nos termos do disposto no §2º do artigo 164; IX — a decisão administrativa irreformável, assim entendida a definitiva na órbita administrativa, que não mais possa ser objeto de ação anulatória; X — a decisão judicial passada em julgado; XI — a dação em pagamento em bens imóveis, na forma e condições estabelecidas em lei. (Incluído pela Lcp nº 104, de 10.1.2001).

d) Que não constitua sanção de ato ilícito

O tributo não se confunde com as penalidades pecuniárias nem com as multas fiscais, em que pese podermos classificar ambas como receitas de natureza compulsória. É vedado, portanto, que seja definido pela lei, como fato gerador de tributo, um ato ilícito (*i.e.*, traficar drogas; explorar prostituição).

Ricardo Lobo Torres,[23] ao distinguir as penalidades pecuniárias e as multas fiscais dos tributos, leciona que as primeiras, embora constituam prestações compulsórias, "têm a finalidade de garantir a inteireza da ordem jurídica tributária contra prática de atos ilícitos, sendo destituídas de qualquer intenção de contribuir para as despesas do Estado". O tributo, contrariamente, "é o ingresso que se define primordialmente como destinado a atender às despesas essenciais do Estado".

Outra questão a ser enfrentada refere-se à possibilidade de se tributar rendimentos auferidos em atividades ilícitas, mesmo não sendo o tributo uma sanção de ato ilícito.

Nesse ponto, a maior parte da doutrina defende a aplicação do princípio do *non olet* ("não cheira"), que significa que o tributo deve incidir também sobre as operações ou atividades ilícitas ou imorais, ou seja, a existência de ilicitude subjacente não afastará a tributação.

Entre os defensores da aplicação do princípio do *non olet*, podemos citar os juristas Amílcar Falcão[24] e Aliomar Baleeiro;[25] para este último,

[...] pouco importa, para a sobrevivência da tributação sobre determinado ato jurídico, a circunstância de ser ilegal, ou imo-

---

[23] TORRES, Ricardo Lobo. *Curso de direito financeiro e tributário*, 2003, op. cit., p. 291.
[24] FALCÃO, Amílcar. *Fato gerador da obrigação tributária*, 2002, op. cit., p. 42-46.
[25] BALEEIRO, Aliomar. *Direito tributário brasileiro*. 4. ed. Rio de Janeiro: Forense, 1972. p. 409.

ral, ou contrário aos bons costumes, ou mesmo criminoso o seu objeto, como o jogo proibido, a prostituição, o lenocínio, a corrupção, o curandeirismo, o câmbio negro, etc.

No mesmo diapasão, Luiz Emygdio F. da Rosa Junior[26] assinala que "não interessa ao intérprete da definição legal da hipótese de incidência do tributo a **natureza do objeto do ato**, se lícito ou ilícito", e mencionando o teor do art. 126, do CTN,[27] complementa que o que importa para o direito tributário é, apenas, a verificação de que se materializou a situação definida em lei como hipótese de incidência do tributo, cabendo a outros ramos do direito verificar sobre a ilicitude do ato.

O Supremo Tribunal Federal (STF), ao julgar *habeas corpus*[28] impetrado em razão de acusação de prática de sonegação fiscal de lucro de origem criminosa, assim entendeu:

EMENTA: Sonegação fiscal de lucro advindo de atividade criminosa: "non olet". Drogas: tráfico de drogas, envolvendo sociedades comerciais organizadas, com lucros vultosos subtraídos à contabilização regular das empresas e subtraídos à declaração de rendimentos: caracterização, em tese, de crime de sonegação fiscal, a acarretar a competência da Justiça Federal

---

[26] ROSA JUNIOR, Luiz Emygdio F. da. *Manual de direito financeiro e direito tributário*, 2005, op. cit., p. 203-204. Acerca da tributação dos atos ilícitos, demonstramos a posição isolada de Misabel Derzi (In: BALEEIRO, Aliomar. *Direito tributário brasileiro*. 18. ed. Rio de Janeiro: Forense, 2007) que acredita ser a tributação do ilícito uma incoerência no sistema.
[27] Lei nº 5.172, de 25 de outubro de 1966. Art. 126. A capacidade tributária passiva independe: I — da capacidade civil das pessoas naturais; II — de achar-se a pessoa natural sujeita a medidas que importem privação ou limitação do exercício de atividades civis, comerciais ou profissionais, ou da administração direta de seus bens ou negócios; III — de estar a pessoa jurídica regularmente constituída, bastando que configure uma unidade econômica ou profissional.
[28] BRASIL. Supremo Tribunal Federal. HC nº 77.530-RS. Primeira Turma. Relator: ministro Sepúlveda Pertence. Julgado em 25 de agosto de 1998. *DJ*, 18 set. 1998.

e atrair pela conexão, o tráfico de entorpecentes: *irrelevância da origem ilícita, mesmo quando criminal, da renda subtraída à tributação.* A exoneração tributária dos resultados econômicos de fato criminosos — antes de ser corolário do princípio da moralidade — constitui violação do princípio de isonomia fiscal, de manifesta inspiração ética. (Os grifos não são do original).

Por fim, é necessário esclarecer que um determinado tributo pode vir a ter teor sancionatório, em sede de exceção à regra geral. Esse é o caso da imputação de IPTU progressivo em razão do tempo (progressividade extrafiscal), nos termos do art. 182, §4º, inciso II da Constituição Federal.[29] Esclarece-se, então, que o aludido dispositivo constitucional estabelece verdadeira exceção ao art. 3º do CTN, eis que, neste caso, atribui caráter penal ao referido tributo, em razão de o respectivo sujeito passivo não atender à função social da propriedade — dever constitucional este previsto no artigo 5º, inciso XXIII, da Constituição Federal.[30]

e) Instituído em lei

Em face do princípio da legalidade, consagrado no art. 150, inciso I, da CRFB/1988,[31] só a lei em sentido formal pode

---

[29] Constituição da República Federativa do Brasil de 1988: Art. 182. A política de desenvolvimento urbano, executada pelo Poder Público municipal, conforme diretrizes gerais fixadas em lei, tem por objetivo ordenar o pleno desenvolvimento das funções sociais da cidade e garantir o bem- estar de seus habitantes. §4º — É facultado ao Poder Público municipal, mediante lei específica para área incluída no plano diretor, exigir, nos termos da lei federal, do proprietário do solo urbano não edificado, subutilizado ou não utilizado, que promova seu adequado aproveitamento, sob pena, sucessivamente, de: II — imposto sobre a propriedade predial e territorial urbana progressivo no tempo.
[30] Constituição da República Federativa do Brasil de 1988: Art. 5º Todos são iguais perante a lei, sem distinção de qualquer natureza, garantindo-se aos brasileiros e aos estrangeiros residentes no País a inviolabilidade do direito à vida, à liberdade, à igualdade, à segurança e à propriedade, nos termos seguintes: XXIII — a propriedade atenderá a sua função social.
[31] Constituição da República Federativa do Brasil de 1988: Art. 150. Sem prejuízo de

instituir o tributo. Acerca do tema, Hugo de Brito Machado[32] assinala que, "sendo a lei a manifestação legítima da vontade do povo, por seus representantes nos parlamentos, entende-se que o ser instituído em lei significa ser o tributo consentido", e esclarece, ainda, que:

> O povo consente que o Estado invada seu patrimônio para dele retirar os meios indispensáveis à satisfação das necessidades coletivas. Mas não é só isto. Mesmo não sendo a lei, em certos casos, uma expressão desse consentimento popular, presta-se o princípio da legalidade para garantir a segurança nas relações do particular (contribuinte) com o Estado (fisco), as quais devem ser inteiramente disciplinadas, em lei, que obriga tanto o sujeito passivo como o sujeito ativo da relação obrigacional tributária.

Em regra, os tributos são instituídos mediante a edição de lei ordinária. Entretanto, em alguns casos, o legislador constitucional condiciona a instituição do tributo à edição de lei complementar. É o que ocorre, por exemplo, com o empréstimo compulsório (art. 148, CRFB/1988),[33] com o imposto de competência residual da União (art. 154, inciso I, CRFB/1988)[34] e com as contribuições residuais da seguridade social (art. 195, §4º, CRFB/1988).[35]

---

outras garantias asseguradas ao contribuinte, é vedado à União, aos Estados, ao Distrito Federal e aos Municípios: I — exigir ou aumentar tributo sem lei que o estabeleça.
[32] MACHADO, Hugo de Brito. Curso de direito tributário. 26. ed. rev. atual. e amp. São Paulo: Malheiros, 2005. p. 53.
[33] Constituição da República Federativa do Brasil de 1988: Art. 148. A União, mediante lei complementar, poderá instituir empréstimos compulsórios.
[34] Constituição da República Federativa do Brasil de 1988: Art. 154. A União poderá instituir: I — mediante lei complementar, impostos não previstos no artigo anterior, desde que sejam não cumulativos e não tenham fato gerador ou base de cálculo próprios dos discriminados nesta Constituição.
35 Constituição da República Federativa do Brasil de 1988: Art. 195. A seguridade social será financiada por toda a sociedade, de forma direta e indireta, nos termos

Registre-se que a lei, independentemente do rito legislativo a que esteja subordinada, deve conter todos os elementos capazes de identificar a hipótese de incidência em todos os seus aspectos, ou seja, precisa (i) descrever o fato tributável; (ii) definir a base de cálculo e alíquota, ou qualquer outro critério que servirá para a apuração do valor do tributo; (iii) estabelecer quem figurará como sujeito passivo da obrigação tributária; assim como (iv) indicar o sujeito ativo da relação obrigacional, caso este seja diverso da pessoa jurídica que detém a competência tributária, da qual a lei seja expressão de vontade.

Nesse contexto, no que concerne à obrigatoriedade de a lei indicar o sujeito ativo da relação obrigacional, caso este seja diverso do titular da competência tributária, ressalte-se, por exemplo, a possibilidade de o município fiscalizar e cobrar o ITR, imposto de competência da União, em atenção ao disposto no art. 153, §4º, inciso III da CRFB/1988.[36]

f) Cobrada mediante atividade administrativa plenamente vinculada

Cobrança, como nos esclarece Adilson Rodrigues Pires,[37] "é a exigência feita ao sujeito passivo pelo sujeito ativo, para que ele cumpra a sua obrigação tributária, recolhendo aos cofres

---

da lei, mediante recursos provenientes dos orçamentos da União, dos Estados, do Distrito Federal e dos Municípios, e das seguintes contribuições sociais: (Ver Emenda Constitucional nº 20, de 1998) §4º — A lei poderá instituir outras fontes destinadas a garantir a manutenção ou expansão da seguridade social, obedecido o disposto no art. 154, I.

[36] Constituição da República Federativa do Brasil de 1988: Art. 153. Compete à União instituir impostos sobre: §4º O imposto previsto no inciso VI do *caput*: (Redação dada pela Emenda Constitucional nº 42, de 19.12.2003) III — será fiscalizado e cobrado pelos Municípios que assim optarem, na forma da lei, desde que não implique redução do imposto ou qualquer outra forma de renúncia fiscal. (Incluído pela Emenda Constitucional nº 42, de 19.12.2003).

[37] PIRES, Adilson Rodrigues. *Manual de direito tributário*. 10. ed. 4. tir. Rio de Janeiro: Forense, 1997. p. 21.

públicos a importância relativa ao crédito tributário constituído". Assim, em razão de a cobrança dos tributos ser qualificada como atividade plenamente vinculada, conforme art. 142 do CTN, exige-se que tal cobrança seja realizada em total obediência aos preceitos normativos que a disciplinam. Desse modo, se há um comando legal que determine a cobrança de tributo em face da ocorrência de um fato gerador, não resta ao administrador público alternativa senão cobrar o tributo, ou seja, inexiste, *in casu*, qualquer margem de discricionariedade.

2. A diferença entre os tributos e as demais receitas públicas

A maior parte dos doutrinadores modernos entende que, em que pese existir uma conexão entre o direito financeiro e o direito administrativo, o primeiro deve ser concebido como ramo autônomo no âmbito do direito público.[38]

Em verdade, o legislador constituinte consagrou a autonomia do direito financeiro, quando atribuiu à União Federal competência para legislar sobre suas normas gerais.[39]

O direito tributário é um sub-ramo do direito financeiro, constituindo hoje um campo específico e autônomo da ciência jurídica, com regras próprias, em razão de sua importância e crescente complexidade. Assim, o direito financeiro compreende, consoante a lição de Aliomar Baleeiro:[40]

[...] o conjunto das normas sobre todas as instituições financeiras — receitas, despesas, orçamento, crédito e processo fiscal

---

[38] Cf. ROSA JUNIOR, Luiz Emygdio F. da. *Manual de direito financeiro e direito tributário*, 2005, op. cit.; AMARO, Luciano. *Direito tributário brasileiro*, 2003, op. cit.; e BALEEIRO, Aliomar. *Direito tributário brasileiro*. 11. ed. Rio de Janeiro: Forense, 2000.
[39] BALEEIRO, Aliomar. *Direito tributário brasileiro*, 2000, op. cit., p. 2-4.
[40] Ibid., p. 5.

— ao passo que o Direito Fiscal, sinônimo de Direito Tributário, aplica-se contemporaneamente e a despeito de qualquer contraindicação etimológica, ao campo restrito das receitas de caráter compulsório. Regula precipuamente as relações jurídicas entre o Fisco, como sujeito ativo, e o contribuinte, ou terceiros como sujeitos passivos.

É importante notar que, dentro do orçamento público, a arrecadação dos tributos constitui-se financeiramente como um dos principais instrumentos para a consecução dos objetivos políticos e econômicos do Estado. No entanto, ao lado das receitas tributárias, existem outros ingressos financeiros igualmente importantes para o desenvolvimento do Estado, que são os chamados preços públicos, além daqueles ingressos decorrentes do pagamento de multas.

A relevância das diferentes classificações nas finanças públicas decorre da necessidade de identificar e classificar as entradas de recursos nos cofres públicos em suas múltiplas particularidades, pois somente assim é possível compreender os variados e diferentes impactos de cada espécie de receita nas contas públicas. Ainda, as diversas classificações a serem estudadas mais adiante permitirão identificar o regime jurídico a ser aplicado em cada tipo de receita, isto é, se uma espécie específica deve ser disciplinada pelas normas tributárias, de natureza eminentemente pública, ou pelas normas cíveis, de natureza privada, o que tem relevância determinante para definir, por exemplo, os prazos para ajuizamento de ações de cobrança, a natureza do ato[41] adequado para aumentar o seu valor etc.

---

[41] A depender do regime jurídico aplicável, pode ser necessária a edição de lei em sentido formal, ato com força de lei ou simplesmente ato administrativo editado pela autoridade competente da administração pública.

Segundo Ricardo Lobo Torres,⁴² as características que diferenciam o tributo dos demais ingressos públicos devem ser buscadas na própria Constituição, daí resultando que:

[...] o tributo: é um dever fundamental, ao lado dos deveres militares e do serviço do júri; limita-se pelos direitos fundamentais, através das imunidades e das proibições de privilégio e de confisco previsto no art. 150, já que nasce no espaço aberto pela autolimitação da liberdade; obedece aos princípios da capacidade contributiva (art. 145, §1º) ou do custo-benefício (art. 145, I e III) — aquele informa principalmente os impostos e este, as taxas e as contribuições de melhoria — sendo-lhes a rigor estranhos princípios como os da solidariedade social ou econômica; destina-se a suportar os gastos essenciais do Estado ou as despesas relacionadas com as atividades específicas do Estado de Direito, vedado o seu emprego para suprir necessidade ou cobrir déficit de empresas, fundações ou fundos (art. 167, VII, CF) e excluída do seu conceito a finalidade puramente extrafiscal; emana do poder específico de legislar sobre o tributo no marco do poder distribuído pela Constituição (arts. 145, 148, 149, 150, I e §6º, 153, 154, 155 e 156), inconfundível com o poder genérico de legislar (art. 5º, II e 48).

A atividade financeira exercida pelo poder público — parcela emanada de sua soberania — caracteriza-se como o "conjunto de ações do Estado para a obtenção da receita e a realização dos gastos para atendimento das necessidades públicas", onde procura captar, gerir e despender recursos em favor da promoção do interesse público.⁴³

---

⁴² TORRES, Ricardo Lobo. *Curso de direito financeiro e tributário*, 2003, op. cit., p. 334.
⁴³ Ibid., p. 3.

O conceito de receita, não obstante remanescer umbilicalmente ligado ao de ingresso, com ele não se confunde; isto porque os ingressos nada mais são do que recursos que entram nos cofres do Estado a qualquer título, de forma que todo e qualquer recurso que passa a integrar os cofres do erário, condicionado ou não à devolução futura, vinculado ou não à despesa anterior, receberá a definição de mera entrada, simples ingresso ou movimento de fundo.[44]

Dessa forma, ingresso como gênero se traduziria por qualquer recurso que se adiciona aos cofres do Estado, mas que não agregará qualquer elevação ou aumento de divisas, representando mera operação temporária de incremento, como receita pública, por seu turno, corresponderia à espécie do gênero ingresso, majorando tais valores em caráter permanente e de forma nova, como ocorre, v.g., com doações ao poder público e com os tributos.

Neste sentido, Aliomar Baleeiro[45] consigna que: "receita pública é a entrada que, integrando-se ao patrimônio público sem quaisquer reservas, condições ou correspondência no passivo, vem acrescer seu vulto, como elemento novo e positivo".

Os critérios para fins de classificação da receita pública são diversos entre si. Celso Ribeiro Bastos,[46] por exemplo, distingue-a em receitas patrimoniais, tributárias e creditícias. Insta acrescentar, ainda, que doutrinadores como Ricardo Lobo Torres[47] a classifica como receitas originárias e derivadas.

---

[44] Como exemplos, podemos citar a captação de recursos pelo governo federal junto ao Fundo Monetário Internacional, vez que tem a natureza de ingresso porquanto o empréstimo deverá acarretar a devolução futura, ou mesmo a ação de perdas e danos julgada procedente em face de motorista causador de dano ao Erário, que será ingresso já que se trata de recurso condicionado a uma despesa anterior.
[45] BALEEIRO, Aliomar. *Uma introdução à ciência das finanças*. Rio de Janeiro: Forense, 1987. p. 116.
[46] BASTOS, Celso Ribeiro. *Curso de direito financeiro e de direito tributário*, 1991, op. cit., p. 38.
[47] TORRES, Ricardo Lobo. *Curso de direito financeiro e tributário*, 2003, op. cit., p. 166.

O aludido autor, como já mencionado anteriormente, é partidário da corrente que aponta a divisão da receita pública como aquela que contempla receitas derivadas e originárias, definindo aquelas como as que advêm da economia privada — representadas por tributo, ingressos parafiscais e multas — e estas as que decorrem da exploração do patrimônio público, v.g., compensações financeiras, ingressos comerciais e preços públicos.

Assim, ressalta-se que os ingressos de natureza tributária pertencem ao grupo das receitas derivadas, eis que decorrem do exercício do poder de império, de forma que o Estado passa a exigir, na qualidade de poder público, a transferência compulsória de parte do patrimônio do particular para o erário.

Desse modo, conclui-se que as receitas públicas são constituídas por: (i) pagamento, por exemplo, de tributos e multas, que são as chamadas receitas derivadas; e (ii) preços públicos decorrentes das compensações financeiras e ingressos comerciais, que integram as receitas originárias.

A seguir, será abordada cada uma das espécies de receitas originárias, quais sejam os preços públicos, as compensações financeiras e os ingressos comerciais.

a) Preço público[48]

Como nos esclarece Ricardo Lobo Torres,[49] o conceito de preço público

[...] pode ser sintetizado como a prestação pecuniária que, não sendo dever fundamental nem se vinculando às liberdades fun-

---

[48] Para um estudo aprofundado acerca da distinção entre taxa e preço público, muitas vezes tratados como sinônimos, ver ALMEIDA, Aline Paola Correa Braga Câmara. *As tarifas e as demais formas de remuneração dos serviços públicos*. Rio de Janeiro: Lumen Juris, 2009. p. 55-74.
[49] TORRES, Ricardo Lobo. *Curso de direito financeiro e tributário*, 2003, op. cit., p. 169.

damentais, é exigida sob a diretiva do princípio constitucional do benefício, como remuneração de serviços públicos inessenciais, com base no dispositivo constitucional que autoriza a intervenção no domínio econômico.

Como é possível notar, é muito tênue a linha que separa o conceito de preço público do conceito de taxa de serviço, na medida em que ambos possuem um caráter contraprestacional, de remuneração ao Estado pela prestação de serviços públicos. Existe notável dificuldade em distinguir as taxas dos preços públicos. Pode-se até dizer que o problema da discriminação entre as taxas e as contraprestações de direito privado é um dos mais delicados do direito financeiro.

Sobre o tema, Bernardo Ribeiro Moraes[50] discorre que:

> O essencial para o conhecimento do preço público, [...] "é saber a opção política do Poder Público, qual regime jurídico adotado pelo legislador para o custeio da atividade estatal, pois uma mesma atividade pode ser custeada tanto por preço público como por tributo". Diante do problema nitidamente político, por estar na opção do legislador a escolha do tipo de desinvestimento, o Ministro Victor Nunes Leal salientou, em palavras dignas de relembrança: "o problema fundamental não é dizer se é taxa ou não é taxa", mas, sim, "determinar de que natureza vai ser explorado determinado serviço".

A fim de solucionar tal questão, foram propostos os mais diversos critérios. Analisaremos, em seguida, a posição adotada pelo STF.

---

[50] MORAES, Bernardo Ribeiro de. *Compêndio de direito tributário*. ed. rev. aum. e atual. Rio de Janeiro: Forense, 2002. p. 310.

Com efeito, o STF, sob a égide da Constituição de 1946, editou o Enunciado nº 545[51] com base na jurisprudência predominante à época, nos seguintes termos: "Preços de serviços públicos e taxas não se confundem, porque estas, diferentemente daquelas, são compulsórias e têm sua cobrança condicionada à prévia autorização orçamentária, em relação à lei que as instituiu".

Ocorre que o critério consagrado pela citada Súmula, qual seja o da compulsoriedade, não se mostra capaz de proporcionar a pretendida segurança na distinção entre as duas classes de receitas.

Com efeito, uma receita não se qualifica juridicamente tributária porque seja antes compulsória, mas, justamente ao contrário, é compulsória porque anteriormente é juridicamente qualificada como tributária.

A compulsoriedade manifesta-se como atributo, como efeito, portanto, do caráter tributário, e não pelo contrário, como seu pressuposto ou sua causa suficiente.

Em suma, as taxas não se reconhecem como tais porque constituem prestações compulsórias, mas são prestações pecuniárias compulsórias em virtude de uma prévia definição legal como tributo.

Sobre a adoção do critério do regime compulsório de pagamento como suficiente para distinguir a taxa do preço público, se manifestou Aurélio Pitanga Seixas Filho.[52]

A partir da utilização de um serviço, o pagamento de um preço torna-se compulsório (salvo expressa dispensa), mesmo que o

---

[51] BRASIL. Supremo Tribunal Federal — Súmula nº 545. *DJ*, 12 dez. 1969 — Data da Aprovação: 3/12/1969. Fonte de Publicação: *DJ*, de 12 dez. 1969, p. 5999.
[52] SEIXAS FILHO, Aurélio Pitanga. *Taxa doutrina, prática e jurisprudência*. Rio de Janeiro: Forense, 1990. p. 8-9.

usuário tenha se servido voluntariamente, concluindo-se, então, que não é o regime jurídico do pagamento que serve para discriminar a taxa do preço público, devendo, portanto, ser pesquisado o critério distintivo no regime jurídico da prestação do serviço pelo Estado.

O Enunciado nº 545 da Súmula do STF também foi criticado por Flavio Bauer Novelli:[53]

> Em conclusão, a compulsoriedade (ou obrigatoriedade) a que alude a Súmula não é, pois, propriamente, a do tributo, mas a que decorre, direta ou indiretamente, seja de uma situação geral de sujeição a um poder (administrativo) de polícia, seja, especificamente, de um vínculo, de um dever de direito público (administrativo) distinto da, e anterior à própria obrigação tributária e, em virtude do qual, o "usuário" (obrigado) vem a ser indiretamente constrangido, no interesse público, à utilização do "serviço", ao recebimento da prestação e, por via de consequência, sendo o "serviço" remunerado, obrigado também ao pagamento, conforme o caso do preço (público) ou do tributo (taxa) que lhe corresponde.

O próprio STF já questionou a adoção da compulsoriedade enquanto critério suficiente para caracterizar ou não uma receita como tributo em voto proferido pelo eminente ministro Victor Nunes, ao julgar os Embargos no RE nº 54.194:[54]

> [...] o critério da obrigatoriedade é absolutamente ineficiente para caracterização do tributo. [...] No caso presente, é pre-

---
[53] NOVELLI, Flavio Bauer. Apontamentos sobre o conceito jurídico de taxa. *Revista de Direito Administrativo*, Rio de Janeiro, v. 189, p. 20, 1992.
[54] Cf. BRASIL. Supremo Tribunal Federal. RE — embargos n. 54.194. Pleno. Relator: ministro Hermes Lima. Julgado em 25 de março de 1965. *DJ*, 23 jun. 1965. *RTJ*, 33/474 e seg.

ciso distinguir se a obrigatoriedade resulta do serviço, que se remunera, ou se resulta de outras considerações, vindo a obrigatoriedade da remuneração do serviço por via de consequência. [...] A obrigatoriedade, no caso em exame, de pagar a taxa de água e esgoto não está vinculada ao uso ou não uso do serviço. Resulta de uma imposição de ordem sanitária, segundo a qual quem quer que construa imóvel urbano há de dotar esse imóvel dos serviços de água e esgoto. [...] O que se discute é precisamente isso: saber quando um pagamento obrigatório é taxa ou não é taxa. Não estou sustentando que não possa haver taxa que não seja obrigatória; o que estou sustentando é que há pagamentos obrigatórios, os quais, não obstante, não são taxas.

Entretanto, tal critério foi retomado pelo eminente ministro Ricardo Lewandowski no julgamento do RE nº 541.511-RS, publicada no *DJ* em 26 de junho de 2009:[55]

EMENTA: TRIBUTÁRIO. ENERGIA ELÉTRICA. ENCARGOS CRIADOS PELA LEI 10.438/02. NATUREZA JURÍDICA CORRESPONDENTE A PREÇO PÚBLICO OU TARIFA. INAPLICABILIDADE DO REGIME TRIBUTÁRIO. AUSÊNCIA DE COMPULSORIEDADE NA FRUIÇÃO DOS SERVIÇOS. RECEITA ORIGINÁRIA E PRIVADA DESTINADA A REMUNERAR CONCESSIONÁRIAS, PERMISSIONÁRIAS E AUTORIZADAS INTEGRANTES DO SISTEMA INTERLIGADO NACIONAL. REIMPROVIDO.

I — Os encargos de capacidade emergencial, de aquisição de energia elétrica emergencial e de energia livre adquirida no

---

[55] BRASIL. Supremo Tribunal Federal. RE nº 541.511-RS. Pleno. Relator: ministro Ricardo Lewandowski. Julgado em 22 de abril de 2009. *DJ*, 26 jun. 2009.

MAE, instituídos pela Lei 10.438/02, não possuem natureza tributária.

II — Encargos destituídos de compulsoriedade, razão pela qual correspondem a tarifas ou preços públicos.

III — Verbas que constituem receita originária e privada, destinada a remunerar concessionárias, permissionárias e autorizadas pelos custos do serviço, incluindo sua manutenção, melhora e expansão, e medidas para prevenir momentos de escassez.

IV — O art. 175, III, da CF autoriza a subordinação dos referidos encargos à política tarifária governamental.

V — Inocorrência de afronta aos princípios da legalidade, da não afetação, da moralidade, da isonomia, da proporcionalidade e da razoabilidade.

VI — Recurso extraordinário conhecido, ao qual se nega provimento.

Apesar dessa decisão, o critério relevante hoje não é mais aquele segundo o qual se deve detectar se o pagamento é voluntário ou compulsório. Em outra decisão proferida pelo pretório excelso, em que se discutia a respeito da natureza da prestação cobrada pela Companhia Municipal de Limpeza Urbana (Comlurb) do Rio de Janeiro pela remoção do lixo dos prédios situados no município, adotou-se um novo critério considerando deficiente aquele esposado pela Súmula nº 545.

A Corte Constitucional destacou que é importante verificar, para fins de definição, se a atividade concretamente executada pelo poder público configura-se um serviço público ou não. A premissa adotada no caso foi a seguinte: onde houver a prestação de serviço público, necessariamente haverá incidência de taxa, inexistindo opção de o poder público cobrar preço público pela sua prestação.

Vale transcrever a ementa do acórdão proferido pelo Plenário do STF, no julgamento do RE nº 89.876-RJ (RTJ 98/230),[56] que se tornou *leading-case* no assunto:

> TARIFA BÁSICA DE LIMPEZA URBANA.
>
> — Em face das restrições constitucionais a que se sujeita a instituição de taxa, não pode o Poder Público estabelecer, a seu arbítrio, que à prestação de serviço público específico e divisível corresponde contrapartida sob a forma, indiferentemente, de taxa ou de preço público.
>
> — Sendo compulsória a utilização do serviço público de remoção de lixo — o que resulta, inclusive, de sua disciplina como serviço essencial à saúde pública —, a tarifa de lixo instituída pelo Decreto nº 196, de 12 de novembro de 1975, do Poder Executivo do Município do Rio de Janeiro, é em verdade taxa.
>
> — Inconstitucionalidade do referido Decreto, uma vez que taxa está sujeita ao princípio constitucional da reserva legal.
>
> Recurso Extraordinário conhecido e provido.

Note-se que, nessa decisão, o critério de distinção entre tarifa e taxa está na natureza do serviço prestado que, sendo "propriamente" público, leva necessariamente à remuneração por taxa. A fim de estabelecer um critério material de distinção mais abrangente que o adotado pela Súmula nº 545, destacou, no caso em referência, o eminente ministro Moreira Alves, relator do caso:

> O que importa, no caso, é examinar a natureza do serviço prestado, para saber se é ele um serviço devido pelo Poder Público

---

[56] BRASIL. Supremo Tribunal Federal. RE nº 89.876-RJ. Pleno. Relator: ministro Moreira Alves. Julgado em 4 de setembro de 1980. *DJ*, 10 out. 1980. Registre-se que Flávio Bauer Novelli representou o município do Rio de Janeiro, como seu procurador, defendendo a natureza de preço público da remuneração devida em razão do serviço de remoção de lixo.

(e, portanto, obrigatório para ele), ou se, apenas, este pode ou não prestá-lo, o que implica dizer que a prestação é facultativa para ele e, consequentemente, se ele o presta, o particular tem também a faculdade de usar, ou não, dele. Note-se que essa obrigatoriedade não é (a) a que alude a Súmula 545 (a de o Poder Público exigir o pagamento pelo simples fato de o serviço ser colocado à disposição do particular), mas sim a que decorre do fato de que, se o serviço é propriamente público, pela circunstância de ele, por sua natureza mesma ser obrigatório para o Poder Público (e, portanto, para o particular, já que está em jogo, em primeiro plano, o interesse de toda a coletividade), este não pode, ainda que queira, dispensar dele o particular, e só pode exigir, como contrapartida de sua prestação a taxa, com todas as suas restrições constitucionais.[57]

O professor Flavio Bauer Novelli, entretanto, critica o critério adotado pelo STF, eis que não vê maiores distinções entre o entendimento exposto na Súmula nº 545 e aquele encontrado no RE nº 89.876-RJ, fazendo a seguinte ponderação:

> Todavia, a doutrina do RE nº 89.876, a despeito do que afirma o seu eminente Relator, não é, data vênia, substancialmente diversa da que servira de fundamento à Súmula 545. Com efeito, não sendo a compulsoriedade desta última, como demonstramos, a que caracteriza o tributo em si mesmo, mas sim a que decorre de um fato estranho, anterior à relação tributária — e que consiste, já se disse, na demanda "forçada" do serviço, na "imposição" da prestação administrativa — não vemos como distinguir o que, num caso, é chamada "compulsoriedade" (Súmula 545), daquilo que, no RE nº 89.876, se designa como "obrigatoriedade".

---

[57] BRASIL. Supremo Tribunal Federal. RE nº 89.876-RJ. Pleno. Relator: ministro Moreira Alves. Julgado em 4 de setembro de 1980. *DJ*, 10 out. 1980. *RTJ*, 98/238.

A verdade é que, tanto num quanto noutro caso, é sempre da atuação necessária do Poder Público, da "obrigatoriedade" da prestação administrativa, enfim, da utilização "forçada" do serviço — nas próprias palavras do relator: obrigatório para o Poder Público e indispensável para o particular — é sempre, substancialmente, da mesma "compulsoriedade" que se trata e que se pretende deduzir a tributariedade da prestação pecuniária correspondente, identificada assim, só por isso, como taxa. Por outras palavras: em ambos os casos a obrigação pecuniária que corresponde à prestação pública assume, "necessariamente", a figura de obrigação tributária, exclusivamente por constituir o serviço — para usar a própria linguagem do RE 89.876 — função essencial (sic) do Poder Público (no caso a remoção do lixo), ou seja, serviço que tem que ser prestado obrigatoriamente por este, sem poder dispensar dele o particular, [...] porque esse serviço visa, indubitavelmente a atender, em plano preferencial, ao interesse da coletividade [...] e, somente em plano secundário, ao interesse do particular.[58]

Ademais, destaca-se decisão proferida pelo Superior Tribunal de Justiça (STJ), onde o aludido tribunal entendeu que a contraprestação cobrada por concessionárias de água e esgoto tem natureza jurídica de preço público, e, portanto, de acordo com o entendimento adotado à época, aplicar-se-ia a prescrição vintenária, porque regido pelas normas de direito civil:

TRIBUTÁRIO — EMBARGOS DE DIVERGÊNCIA — CONTRAPRESTAÇÃO COBRADA PELO SERVIÇO DE ÁGUA E ESGOTO — NATUREZA JURÍDICA DE TARIFA — PRECEDENTES DO STJ E STF

---

[58] NOVELLI, Flavio Bauer. "Apontamentos sobre o conceito jurídico de taxa", 1992, op. cit., p. 22.

1. Este Superior Tribunal, encampando entendimento sedimentado no Pretório Excelso, firmou posição no sentido de que a contraprestação cobrada por concessionárias de serviço público de água e esgoto detém natureza jurídica de tarifa ou preço público.
2. Definida a natureza jurídica da contraprestação, também se definiu pela aplicação das normas do Código Civil.
3. A prescrição é vintenária, porque regida pelas normas do Direito Civil.
4. Embargos de Divergência providos.[59]

Ademais, insta destacar que a Segunda Turma do STJ entendeu incabível a cobrança de "taxa" (CTN, art. 77[60]) por uso potencial de sistema público de esgoto sanitário, nos casos de a companhia de esgoto não dispor de sistema de tratamento que atendesse os imóveis em questão, cujo condomínio tem estação própria de tratamento de esgoto, de acordo com os padrões ambientais da fundação estadual responsável pela disciplina da engenharia de meio ambiente.[61]

Outrossim, conforme noticiado no Informativo n. 357, a Primeira Turma do STJ entendeu que a concessionária de transporte ferroviário não tem capacidade tributária ativa a ponto de instituir a cobrança de tributo (taxa) pela utilização do subsolo (permissão de passagem de gasodutos) da faixa territorial cujo domínio detém. Porém se permite a cobrança de tarifa pela

---

[59] BRASIL. Superior Tribunal de Justiça. EREsp nº 690.609-RS. Relator: ministra Eliana Calmon. Julgado em 26 de março de 2008. *DJ*, 7 abr. 2008.
[60] Lei nº 5.172, de 25 de outubro de 1966. Art. 77. As taxas cobradas pela União, pelos Estados, pelo Distrito Federal ou pelos Municípios, no âmbito de suas respectivas atribuições, têm como fato gerador o exercício regular do poder de polícia, ou a utilização, efetiva ou potencial, de serviço público específico e divisível, prestado ao contribuinte ou posto à sua disposição.
[61] BRASIL. Superior Tribunal de Justiça. REsp nº 1.032.975-RJ. Segunda Turma. Relator: ministro Castro Meira. Julgado em 1º de abril de 2008. *DJ*, 15 abr. 2008.

prestação do serviço de transporte de pessoas ou cargas, o que não veio à discussão nos autos do REsp nº 954.067-RJ, relator: ministro José Delgado, julgado em 27 de maio de 2008.

Como é possível perceber sobre a definição do conceito de taxa, a substituição pela Corte Constitucional do critério da obrigatoriedade da remuneração pelo critério que busca destacar a natureza do serviço prestado não foi suficiente para colocar, de modo satisfatório, um ponto final na discussão.

Em verdade, tal critério é alvo de críticas, persistindo, assim, a busca por um critério científico suficientemente preciso e objetivo, que possa distinguir os dois institutos (taxa e preço público) em estudo.

Sobre a árdua tarefa de distinguir as taxas dos preços públicos, Regis Fernandes de Oliveira[62] enumera as diversas conclusões alcançadas pelos autores que dissertam sobre a questão. A propósito, afirma:

> Alcides Jorge Costa esclarece, de lege ferenda, deveriam "excluir-se do campo das taxas os serviços denominados industriais, como, p. ex., o fornecimento de água, correios e telégrafos" ("Taxa e preço Público", Caderno 10/5), mas reconhece a dificuldade no tratamento do tema. Américo Lourenço Masset Lacombe é taxativo: "sempre que o Estado exige uma prestação como decorrência de um serviço público prestado ou posto à disposição do obrigado, estaremos diante de uma taxa" (idem, p. 15). No mesmo sentido a posição de Aurélio Pitanga Seixas Filho (idem, p. 28), distinguindo a taxa e preço em razão do regime jurídico. Carlos da Rocha Guimarães busca no serviço o critério distintivo (idem, p. 42). Edvaldo Brito sustenta tratar-

---

[62] OLIVEIRA, Regis Fernandes de. *Receitas públicas originárias*. São Paulo: Malheiros, 1994. p. 104 e 105.

se de taxa sempre que se destinar a atividade do Estado, para custear função pública, seja qual for o instrumento utilizado (idem, p. 77). Gilberto de Ulhôa Canto calca seu critério de enfoque da matéria sob o ângulo da "natureza das atividades, sob o prisma da inerência às funções do Estado" (idem, p. 90). Hamilton Dias de Souza e Marco Aurélio Greco alteram, ligeiramente, sua posição anterior, admitindo que o legislador possa disciplinar o serviço, à sua maneira, mas afirmando que, se o fizer, entendendo-o como serviço público, a remuneração será taxa (idem, pp. 124 e 125).

Hugo de Brito Machado afirma que não é razoável admitir que o Poder Público preste, diretamente, serviços remunerados mediante preço (idem, p. 149). Ives Gandra da Silva Martins firma suas conclusões em admitir relação de subordinação e falta de alternativa da utilização, por parte do usuário, do serviço público (idem, p. 178). José Eduardo Soares de Melo esclarece que as taxas remuneram serviços públicos previstos constitucionalmente, enquanto que os preços remuneram os serviços prestados sob regime de direito privado (idem, p. 201).

Sacha Calmon Navarro Coelho submete a taxa aos princípios da anterioridade e legalidade, enquanto que os preços públicos podem ser fixados e cobrados compulsoriamente, caindo por terra a falácia de que são sempre definidos pelo mercado (idem, p. 223). Toshio Mukai fala na função essencial do Poder Público para identificar a taxa (idem, p. 247). Wagner Balera coloca o problema no provir a taxa de lei e o preço de acordo de vontades (idem, p. 267). Yves José Miranda Guimarães afirma que o preço público tem em vista o regime jurídico público, equivalente a tributo (idem, p. 317). Zelmo Denari afirma que as taxas são tributos vinculados à atuação estatal, enquanto os preços são receitas expressivas de serviços prestados por entidades governamentais ou concessionárias de serviço (idem, p. 346).

A preocupação da doutrina se justifica na medida em que se chama de "preço público" o que, em verdade, é "taxa", ocasionando a instituição de um "novo tributo", sem que esse "novo tributo" esteja obrigado a se submeter ao regime constitucional tributário e às regras por ele adotadas.

b) Compensações financeiras

De acordo com o art. 20, §1º, CRBF/1988[63], a compensação financeira (regulada basicamente pela Lei Federal nº 7.990, de 28 de dezembro de 1989)[64] como ingresso patrimonial que tem natureza de receita originária nos cofres públicos é devida aos estados, Distrito Federal, municípios e órgãos da administração direta da União em decorrência da exploração de petróleo ou gás natural, de recursos hídricos para fins de geração de energia elétrica e de outros recursos minerais no respectivo território, plataforma continental, mar territorial ou zona econômica exclusiva, sendo certo que os percentuais devidos pelo particular, a títulos de compensação financeira, estão estabelecidos nas legislações específicas sobre o tema.[65]

---

[63] Constituição da República Federativa do Brasil de 1988: Art. 20. São bens da União: §1º — É assegurada, nos termos da lei, aos Estados, ao Distrito Federal e aos Municípios, bem como a órgãos da administração direta da União, participação no resultado da exploração de petróleo ou gás natural, de recursos hídricos para fins de geração de energia elétrica e de outros recursos minerais no respectivo território, plataforma continental, mar territorial ou zona econômica exclusiva, ou compensação financeira por essa exploração.

[64] A Lei Federal nº 7.990/89 institui, para os Estados, Distrito Federal e Municípios, compensação financeira pelo resultado da exploração de petróleo ou gás natural, de recursos hídricos para fins de geração de energia elétrica, de recursos minerais em seus respectivos territórios, plataformas continental, mar territorial ou zona econômica exclusiva, e dá outras providências.

[65] Ver, por exemplo, o disposto no art. 7º da Lei 7.990/89: Art. 7º O art. 27 e seus §§4º e 6º, da Lei nº 2.004, de 3 de outubro de 1953, alterada pelas Leis nºˢ 3.257, de 2 de setembro de 1957, 7.453, de 27 de dezembro de 1985, e 7.525, de 22 de julho de 1986, passam a vigorar com a seguinte redação: "Art. 27. A sociedade e suas subsidiárias ficam obrigadas a pagar a compensação financeira aos Estados, Distrito Federal e Municípios,

Sérgio Honorato dos Honorato dos Santos[66] afirma que:

> Os royalties constituem compensação financeira devida, principalmente, a Estado, Distrito Federal, Municípios pelos concessionários de exploração e produção de petróleo ou gás natural, e serão pagos mensalmente, com relação a cada campo, a partir do mês em que ocorrer a respectiva data de início da produção, vedadas quaisquer deduções.

As compensações financeiras são devidas, portanto, pelos concessionários de exploração e produção de petróleo ou gás natural em razão da perda dos recursos naturais encontrados em seus territórios, tendo, nesse caso, natureza indenizatória.[67]

Outra justificativa para o pagamento das compensações financeiras decorre das "despesas que as empresas exploradoras de recursos naturais causam aos poderes públicos, que se veem na contingência de garantir a infraestrutura de bens e serviços, como o necessário aumento de segurança pública e transporte, e a assistência às populações envolvidas em atividades econômicas de grande porte [...]".[68]

c) Ingressos comerciais

Na forma do art. 173, da CRFB/1988,[69] é permitida ao Estado a exploração direta de atividade econômica, quando

---

correspondente a 5% (cinco por cento) sobre o valor do óleo bruto, do xisto betuminoso e do gás extraído de seus respectivos territórios, onde se fixar a lavra do petróleo ou se localizarem instalações marítimas ou terrestres de embarque ou desembarque de óleo bruto ou de gás natural, operados pela Petróleo Brasileiro S.A. — PETROBRAS, obedecidos os seguintes critérios: I — 70% (setenta por cento) aos Estados produtores; II — 20% (vinte por cento) aos Municípios produtores; III — 10% (dez por cento) aos Municípios onde se localizarem instalações marítimas ou terrestres de embarque ou desembarque de óleo bruto e/ou gás natural.

[66] SANTOS, Sérgio Honorato dos. *Royalties do petróleo à luz do direito positivo*. Rio de Janeiro: Adcoas, 2001. p. 31.
[67] TORRES, Ricardo Lobo. *Curso de direito financeiro e tributário*, 2003, op. cit., p. 171.
[68] Ibid., p. 171.
[69] Constituição da República Federativa do Brasil de 1988: Art. 173. Ressalvados os casos previstos nesta Constituição, a exploração direta de atividade econômica pelo

necessária aos imperativos de segurança nacional ou a relevante interesse coletivo.

Ricardo Lobo Torres[70] exemplifica como ingressos comerciais aqueles que se originam (i) da exploração de monopólios e da manutenção de empresas estatais, v.g., os correios e telégrafos e (ii) da exploração do negócio de loterias ou concessão deste para a exploração por terceiros, v.g., lotos e concursos de prognósticos.

Os ingressos comerciais obtidos pelo Estado na exploração dessas atividades econômicas (intervencionismo estatal) são classificados como receita originária, eis que também decorrem da exploração do patrimônio do Estado.

3. Casos especiais

Vale mencionar, ainda, duas outras espécies de obrigações *ex lege* com controvertida natureza jurídica de tributo, quais sejam, a Contribuição para o Fundo de Garantia do Tempo de Serviço (FGTS) e as contribuições previdenciárias.

3.1 Contribuição ao FGTS

A Contribuição ao Fundo de Garantia do Tempo de Serviço (FGTS) é uma prestação pecuniária compulsória devida pelos empregadores, assim definidos no §1º do art. 15 da Lei nº 8.036/1990[71] como a pessoa física ou a pessoa jurídica que

---

Estado só será permitida quando necessária aos imperativos da segurança nacional ou a relevante interesse coletivo, conforme definidos em lei.
[70] TORRES, Ricardo Lobo. *Curso de direito financeiro e tributário*, 2003, op. cit., p. 172.
[71] Lei nº 8.036, de 11 de maio de 1990. Art. 15. Para os fins previstos nesta lei, todos os empregadores ficam obrigados a depositar, até o dia 7 (sete) de cada mês, em conta bancária vinculada, a importância correspondente a 8 (oito) por cento da remuneração paga ou devida, no mês anterior, a cada trabalhador, incluídas na remuneração as parcelas de que tratam os *arts.* 457 e 458 da CLT e a gratificação de Natal a que se refere a *Lei nº 4.090, de 13 de julho de 1962*, com as modificações da *Lei nº 4.749, de 12 de agosto*

admitir trabalhadores a seu serviço ou figurar como fornecedor ou tomador de mão de obra.

Neste contexto, ressalte-se, em que pese a Contribuição ao FGTS se enquadrar nas características do conceito de tributo previstas no art. 3º, do CTN, vez que possui compulsoriedade, deve ser paga em dinheiro, dentre outras, é importante lembrar que tal conceito é excludente. Frise-se que o fato de determinada prestação deter todos os predicados citados naquele dispositivo legal, conforme anteriormente visto, não é indicativo suficiente, por si só, para caracterizá-la como tributária. É o caso do FGTS.

Atualmente, a jurisprudência do STJ consolidou-se no sentido de que a referida contribuição não tem natureza tributária, o que motivou a edição da Súmula nº 353, que dispõe que as "As disposições do Código Tributário Nacional não se aplicam às contribuições para o FGTS".

Tal entendimento baseou-se nos julgados mais antigos proferidos pelo STF, notadamente nos autos do RE nº 100.249,[72] assim ementado:

> FUNDO DE GARANTIA POR TEMPO DE SERVIÇO. SUA NATUREZA JURÍDICA. CONSTITUIÇÃO, ART. 165, XIII. LEI N. 5.107, DE 13.9.1966. *AS CONTRIBUIÇÕES PARA O FGTS NÃO SE CARACTERIZAM COMO CRÉDITO TRIBUTÁRIO OU CONTRIBUIÇÕES A TRIBUTO EQUIPARÁVEIS*. SUA SEDE ESTÁ NO ART. 165, XIII, DA CONSTITUIÇÃO. ASSEGURA-SE AO

---

de 1965. §1º Entende-se por empregador a pessoa física ou a pessoa jurídica de direito privado ou de direito público, da administração pública direta, indireta ou fundacional de qualquer dos Poderes, da União, dos Estados, do Distrito Federal e dos Municípios, que admitir trabalhadores a seu serviço, bem assim aquele que, regido por legislação especial, encontrar-se nessa condição ou figurar como fornecedor ou tomador de mão de obra, independente da responsabilidade solidária e/ou subsidiária a que eventualmente venha obrigar-se.

[72] BRASIL. Supremo Tribunal Federal. RE nº 100.249-SP. Pleno. Relator: ministro p/ acórdão Néri da Silveira. Julgado em 2 de dezembro de 1987.

TRABALHADOR ESTABILIDADE, OU FUNDO DE GARANTIA EQUIVALENTE. DESSA GARANTIA, DE ÍNDOLE SOCIAL, PROMANA, ASSIM, A EXIGIBILIDADE PELO TRABALHADOR DO PAGAMENTO DO FGTS, QUANDO DESPEDIDO, NA FORMA PREVISTA EM LEI. CUIDA-SE DE UM DIREITO DO TRABALHADOR. DÁ-LHE O ESTADO GARANTIA DESSE PAGAMENTO. A CONTRIBUIÇÃO PELO EMPREGADOR, NO CASO, DEFLUI DO FATO DE SER ELE O SUJEITO PASSIVO DA OBRIGAÇÃO, DE NATUREZA TRABALHISTA E SOCIAL, QUE ENCONTRA, NA REGRA CONSTITUCIONAL ALUDIDA, SUA FONTE. A ATUAÇÃO DO ESTADO, OU DE ÓRGÃO DA ADMINISTRAÇÃO PÚBLICA, EM PROL DO RECOLHIMENTO DA CONTRIBUIÇÃO DO FGTS, NÃO IMPLICA TORNÁ-LO TITULAR DO DIREITO A CONTRIBUIÇÃO, MAS, APENAS, DECORRE DO CUMPRIMENTO, PELO PODER PÚBLICO, DE OBRIGAÇÃO DE FISCALIZAR E TUTELAR A GARANTIA ASSEGURADA AO EMPREGADO OPTANTE PELO FGTS. NÃO EXIGE O ESTADO, QUANDO ACIONA O EMPREGADOR, VALORES A SEREM RECOLHIDOS AO ERÁRIO, COMO RECEITA PÚBLICA. NÃO HÁ, DAÍ, CONTRIBUIÇÃO DE NATUREZA FISCAL OU PARAFISCAL. OS DEPÓSITOS DO FGTS PRESSUPÕEM VÍNCULO JURÍDICO, COM DISCIPLINA NO DIREITO DO TRABALHO. NÃO SE APLICA ÀS CONTRIBUIÇÕES DO FGTS O DISPOSTO NOS ARTS. 173 E 174, DO CTN. RECURSO EXTRAORDINÁRIO CONHECIDO, POR OFENSA AO ART. 165, XIII, DA CONSTITUIÇÃO, E PROVIDO, PARA AFASTAR A PRESCRIÇÃO QUINQUENAL DA AÇÃO. (Os grifos não são do original)

Por outro lado, é fundamental destacar que tal precedente foi proferido em data anterior à promulgação da Constituição Federal de 1988. Observe-se que, em julgado mais recente, o mesmo STF, nos autos da Medida Cautelar na ADI nº 2.556/

DF,[73] entendeu que as prestações instituídas por meio da Lei Complementar nº 110/2001,[74] relacionadas ao FGTS, mas cujo beneficiário é também o governo e não apenas o empregado, têm natureza jurídica de "contribuição social geral", ou seja, sujeitam-se aos princípios constitucionais tributários:

> EMENTA: Ação direta de inconstitucionalidade. Impugnação de artigos e de expressões contidas na Lei Complementar federal nº 110, de 29 de junho de 2001. Pedido de liminar. — *A natureza jurídica das duas exações criadas pela lei em causa, neste exame sumário, é a de que são elas tributárias, caracterizando-se como contribuições sociais que se enquadram na subespécie "contribuições sociais gerais" que se submetem à regência do artigo 149 da Constituição, e não à do artigo 195 da Carta Magna.* — Não ocorrência de plausibilidade jurídica quanto às alegadas ofensas aos artigos 145, §1º, 154, I, 157, II, e 167, IV, da Constituição. — Também não apresentam plausibilidade jurídica suficiente para a concessão de medida excepcional como é a liminar às alegações de infringência ao artigo 5º, LIV, da Carta Magna e ao artigo 10, I, de seu ADCT. — Há, porém, plausibilidade jurídica no tocante à arguição de inconstitucionalidade do artigo 14, "caput", quanto à expressão "produzindo efeitos", e seus incisos I e II da Lei Complementar objeto desta ação direta, sendo conveniente,

---

[73] BRASIL. Supremo Tribunal Federal. ADI nº 2.556 MC-DF. Pleno. Relator: ministro Moreira Alves. Julgado em 9 de outubro de 2002. *DJ*, 8 ago. 2003.
[74] Lei complementar nº 110, de 29 de junho de 2001. Art. 1º Fica instituída contribuição social devida pelos empregadores em caso de despedida de empregado sem justa causa, à alíquota de dez por cento sobre o montante de todos os depósitos devidos, referentes ao Fundo de Garantia do Tempo de Serviço — FGTS, durante a vigência do contrato de trabalho, acrescido das remunerações aplicáveis às contas vinculadas. (Ver ADIN 2.556-2 e ADIN 2.568-6)

dada a sua relevância, a concessão da liminar nesse ponto.

Liminar deferida em parte, para suspender, "ex tunc" e até final julgamento, a expressão "produzindo efeitos" do "caput" do artigo 14, bem como seus incisos I e II, todos da Lei Complementar federal nº 110, de 29 de junho de 2001. (Os grifos não são do original)

O ministro relator Moreira Alves consignou — ainda que em cognição sumária — que tais exações têm natureza tributária, caracterizando-as como contribuições sociais que se enquadram na subespécie "contribuições sociais gerais" que se submetem à regência do art. 149 da Constituição, e não à do art. 195 da Carta Magna, conforme se depreende do seguinte trecho do voto:

[...] A primeira questão, que se coloca, é a de se saber se elas são, ou não, exações tributárias. A meu ver, nesse exame sumário, são ambas as exações tributárias pela adequação delas ao conceito que se encontra no art. 3º do Código Tributário (prestação pecuniária compulsória, em moeda, que não constitua sanção de ato ilícito, instituída em lei e cobrada mediante atividade administrativa plenamente vinculada).

3.2 Contribuições previdenciárias

A natureza jurídica das contribuições previdenciárias — as quais têm, atualmente, fundamento constitucional no art. 195, inciso I, alínea 'a' — também já foi questão altamente polêmica.

Sob a égide da Constituição Federal de 1967, o entendimento dominante, respaldado pelo STF, era de que tais contribuições tinham caráter tributário, nos termos do art. 21, §2º, inciso I (com a redação dada pela Emenda Constitucional nº 1/1969). Assim, tal exação submetia-se à disciplina constitucional tributária, bem como às disposições constantes do Código Tributário Nacional.

No entanto, com as alterações trazidas pela Emenda Constitucional nº 8/1977, houve uma mudança nesse cenário: as contribuições previdenciárias passaram a ser compreendidas, então, como prestações não tributárias. Nesse sentido, traz-se à baila o entendimento esposado pelo STF nos autos do RE nº 99.848 antes da CRFB/1988:[75]

> [...] Entendimento incontroverso no Supremo Tribunal Federal é de que até o advento da Emenda Constitucional nº 8, de 1977, as contribuições da previdência social eram configurantes de espécie tributária, na conformidade da conceituação delineada no art. 21, §2º, I, da Constituição na redação da Emenda nº 1, e com essa natureza jurídica se regiam pelos princípios e normas gerais do sistema tributário.
> A partir da citada Emenda nº 8, mediante a reformulação do citado dispositivo constitucional, combinadamente com a adição do item X ao art. 43, da Carta Magna, pertinente às atribuições do Poder Legislativo, tem-se deduzido haverem sido as contribuições sociais aí enumeradas, dentre as quais se incluem as contribuições previdenciárias, subtraídas à regência do sistema tributário, como resultante de propósito inequívoco do legislador constituinte.

Com a promulgação da Constituição Federal de 1988, não há mais dúvidas acerca da natureza tributária das contribuições previdenciárias. Esse, inclusive, é o entendimento de Tavares, que conclui que "É relativamente pacífica a aceitação das contri-

---

[75] BRASIL. Supremo Tribunal Federal. RE nº 99.848-PR. Primeira Turma. Relator: ministro Rafael Mayer. Julgado em 10 de dezembro de 1984.

buições sociais como tributo, na forma disciplinada pelo Código Tributário Nacional, art. 3º".

Tal entendimento foi consolidado pelo STF, na ocasião do julgamento sobre a inconstitucionalidade dos arts. 45 e 46, ambos da Lei nº 8.212/1991[76], que tratavam do prazo decadencial decenal para realizar o lançamento de créditos previdenciários — diversamente ao CTN, que estabelece um prazo decadencial quinquenal[77] para que o Fisco constitua o crédito tributário. Eis os termos do voto do ministro relator Gilmar Mendes nos autos do RE nº 560.626:[78]

> Não há mais dúvida de que as contribuições, inclusive as destinadas à Seguridade Social, têm natureza tributária e sujeitam-se ao regime jurídico-tributário.
>
> Há muito, esta Corte pacificou este entendimento a partir da interpretação do art. 149 da atual Constituição, regra matriz das contribuições, que determina a observância do disposto nos arts. 146, III, e 150, I e III, e sem prejuízo do previsto no art. 195, §6º, relativamente às contribuições a que alude o dispositivo.

---

[76] Lei nº 8.212, de 24 de julho de 1991. Art. 45. O direito da Seguridade Social apurar e constituir seus créditos extingue-se após 10 (dez) anos contados: (Vide Sumula Vinculante nº 8). (Revogado pela Lei Complementar nº 128, de 2008) I - do primeiro dia do exercício seguinte àquele em que o crédito poderia ter sido constituído; (Revogado pela Lei Complementar nº 128, de 2008) II - da data em que se tornar definitiva a decisão que houver anulado, por vício formal, a constituição de crédito anteriormente efetuada. (Revogado pela Lei Complementar nº 128, de 2008). Art. 46. O direito de cobrar os créditos da Seguridade Social, constituídos na forma do artigo anterior, prescreve em 10 (dez) anos. (Vide Sumula Vinculante nº 8). (Revogado pela Lei Complementar nº 128, de 2008).

[77] Vale consignar que, a depender da modalidade de lançamento tributário a que o tributo esteja submetido e das peculiaridades do caso concreto (se houve pagamento parcial ou não, por exemplo), o marco inicial para contagem do prazo de 5 (cinco) anos para o fisco constituir o crédito varia. Veja-se, por oportuno, o disposto no art. 150, §4º do CTN e no art. 173, incisos I e II do CTN.

[78] BRASIL. Supremo Tribunal Federal. RE nº 560.626-RS. Pleno. Relator: ministro Gilmar Mendes. Julgado em 12 de junho de 2008. *DJe*, 4 dez. 2008.

Questões de automonitoramento

1. Após ler o material, você é capaz de resumir o caso gerador do capítulo 5, identificando as partes envolvidas, os problemas atinentes e as soluções cabíveis?
2. Analise todos os elementos do conceito de tributo.
3. Qual a principal diferença entre tributo e as demais receitas públicas?
4. Diferencie tributo de preço público.
5. Diferencie tributo das demais compensações financeiras.
6. Pense e descreva, mentalmente, alternativas para a solução do caso gerador do capítulo 5.

2
Conceito de tributo e direito tributário: a validação constitucional das espécies tributárias

Roteiro de estudo

1. Introdução

A Constituição da República Federativa do Brasil, de 1988, disciplina, nos arts. 145 a 162, o Sistema Tributário Nacional, onde se podem encontrar as diversas espécies de tributos, cuja classificação tem sido alvo de divergências na doutrina. Como será visto, há autores que defendem a existência de apenas duas espécies tributárias (impostos e taxas), outros acrescem a essas espécies a contribuição de melhoria.

Há, também, aqueles que sustentam que a contribuição deve ser entendida em sentido *lato*, abrangendo as contribuições de melhoria e as contribuições especiais. E, por último, tem-se a teoria segundo a qual são cinco as espécies tributárias: impostos, taxas, contribuição de melhoria, contribuições especiais e empréstimo compulsório.

Alfredo Augusto Becker[79] afirma a existência de apenas duas espécies de tributo, adotando a teoria bipartida: imposto e taxa. Para o autor, enquanto as taxas têm a sua base de cálculo representada por um serviço estatal ou coisa estatal, a base de cálculo dos impostos é um fato lícito qualquer, não consistente em serviço estatal ou coisa estatal.

Nesse mesmo sentido, Geraldo Ataliba[80] sustenta existirem apenas duas espécies de tributo: os vinculados ou não vinculados a uma ação estatal. Quando inexistir essa vinculação, estar-se-á diante de impostos, tributos não vinculados. Entretanto, caracterizada a vinculação do tributo à atuação do Estado, tem-se a taxa ou contribuição. Em verdade, sob sua ótica, a diferença entre as taxas e as contribuições estaria em que as taxas têm por base imponível uma dimensão da atuação estatal; já a verdadeira contribuição teria uma base designada por lei representada por uma medida (um aspecto dimensível) do elemento intermediário, posto como causa ou efeito da atuação estatal.[81]

Discordando da teoria bipartida, Sacha Calmon[82] enumera três espécies tributárias (teoria tripartida: tributos vinculados ou não à atuação estatal): imposto, taxa e contribuição de melhoria (art. 145, da CRFB/1988). O tributo terá natureza de imposto sempre que sua exigência não esteja vinculada a uma atuação do Estado em favor do contribuinte. De modo diverso, o tributo terá natureza de taxa e/ou contribuição de melhoria sempre que sua exigência esteja vinculada a uma atividade do Estado em

---

[79] BECKER, Alfredo Augusto. *Teoria geral do direito tributário*. 2. ed. São Paulo: Saraiva, 1972. p. 371-372.
[80] ATALIBA, Geraldo. *Hipótese de incidência tributária*. São Paulo: Revista dos Tribunais, 1973. p. 139 e seg.
[81] Ibid., p. 193.
[82] COÊLHO, Sacha Calmon Navarro. *Curso de direito tributário brasileiro*, 2003, op. cit., p. 398-400.

função da pessoa do contribuinte (taxa vinculada ao exercício do poder de polícia ou à prestação de um serviço público específico e indivisível; contribuição de melhoria, vinculada à elaboração de obra pública que gere uma valorização imobiliária em favor do contribuinte).

Desse modo, se o fato gerador de uma contribuição social ou empréstimo compulsório estiver vinculado a uma atuação estatal em favor do contribuinte, estaremos diante de uma taxa. Caso contrário, a contribuição intitulada como parafiscal e o empréstimo compulsório terão natureza de imposto.

Ricardo Lobo Torres,[83] por seu turno, adota a teoria quadripartida, considerando que outras contribuições ingressaram no rol dos tributos, devendo-se levar em conta para tal classificação os arts. 148 e 149, da CRFB/1988. Assim, o tributo é gênero em que são espécies o imposto, a taxa, as contribuições e o empréstimo compulsório.

Para o autor,[84] cujo entendimento é partilhado pelo ministro do STF Carlos Velloso,[85]

[...] as contribuições sociais, de intervenção no domínio econômico e de interesse de categorias profissionais ou econômicas, referidas no art. 149, devem se amalgamar conceptualmente às contribuições de melhoria mencionadas no art. 145, III, subsumindo-se todas no conceito mais amplo de contribuições especiais.

---

[83] TORRES, Ricardo Lobo. *Curso de direito financeiro e tributário.* 11. ed. atual. até a publicação da Emenda Constitucional n. 44, de 30.6.2004. Rio de Janeiro: Renovar, 2004. p. 369.
[84] Ibid.
[85] BRASIL. Supremo Tribunal Federal. RE nº 138.284-CE. Pleno. Relator: ministro Carlos Velloso. Julgado em 1º de julho de 1992. *DJ*, 28 ago. 1992.

A teoria hoje majoritária, no entanto, que está, inclusive, em consonância com o entendimento do STF,[86] é a teoria quinquipartida, defendida, entre outros, por Hugo de Brito Machado,[87] que entende que, em nosso Sistema Tributário Nacional, encontram-se cinco espécies tributárias, a saber: os impostos, as taxas, as contribuições de melhoria, as contribuições especiais e os empréstimos compulsórios.

E assim como a teoria quadripartida, a teoria quinquipartida se utiliza do argumento topográfico para justificar seu entendimento.

Registre-se que a aptidão para discriminar as diversas espécies de tributos e, portanto, identificar, num determinado caso concreto, sobre que espécie se está tratando, se mostra relevante, na medida em que permite distinguir o regime jurídico ao qual se submete a hipótese, porquanto, como exemplifica Leandro Paulsen,[88]

> [...] a União não pode criar dois impostos com mesmo fato gerador e base de cálculo, nem duas contribuições com mesmo fato gerador e base de cálculo; mas não há óbice constitucional a que seja criada contribuição social com fato gerador idêntico a de imposto já existente. Indispensável, pois, surgindo uma

---

[86] Cf. Ministro Moreira Alves que ao externar seu voto no julgamento do Recurso Extraordinário nº 146.733-9-SP, afirmou que "De feito, a par das três modalidades de tributos (os impostos, as taxas e as contribuições de melhoria) a que se refere o artigo 145 para declarar que são competentes para instituí-los a União, os Estados, o Distrito Federal e os Municípios, os artigos 148 e 149 aludem a duas outras modalidades tributárias, para cuja instituição só a União é competente: o empréstimo compulsório e as contribuições sociais, inclusive as de intervenção no domínio econômico e de interesse das categorias profissionais ou econômicas [...]". BRASIL. Supremo Tribunal Federal. RE nº 146.733-9-SP. Pleno. Relator: ministro Moreira Alves. Julgado em 29 de junho de 1992. DJ, 6 nov. 1992.
[87] MACHADO, Hugo de Brito. *Curso de direito tributário*. 21. ed. rev. atual. e amp. São Paulo: Malheiros, 2002. p. 57.
[88] PAULSEN, Leandro. *Direito tributário*, 2007, op. cit., p. 31.

exação, conseguir-se saber com segurança se se cuida de um novo imposto ou de uma nova contribuição.

Ressalte-se que, conforme preceituam os incisos I e II do art. 4º, do CTN,[89] é irrelevante para classificação do tributo a sua denominação, suas demais características ou a sua destinação legal. O que importa, portanto, nos termos do CTN, será a identificação da ocorrência do fato gerador. Segundo Leandro Paulsen:[90]

> [...] Após a CF/88, com o reconhecimento de que temos cinco espécies tributárias, com critérios de validação constitucional distintos, art. 4º do CTN revelou-se absolutamente insuficiente para distingui-las. Continua servindo de suporte na distinção entre impostos, taxas e contribuições de melhoria, mas não se presta à identificação das contribuições especiais e dos empréstimos compulsórios, pois estes são identificados a partir da sua finalidade e da existência, ou não, de promessa de devolução.

Assim, se antes tínhamos tão somente o critério da compulsoriedade, atualmente a destinação legal ou a finalidade do tributo são critérios de suma importância para identificar determinadas espécies tributárias, como as contribuições especiais e empréstimos compulsórios, pois aqueles se constituem como critérios de validação constitucional.

Superado esse primeiro ponto, passa-se à análise das diversas espécies tributárias identificadas pela teoria quinquipartida.

---

[89] Lei nº 5.172, de 25 de outubro de 1966. Art. 4º A natureza jurídica específica do tributo é determinada pelo fato gerador da respectiva obrigação, sendo irrelevantes para qualificá-la: I — a denominação e demais características formais adotadas pela lei; II — a destinação legal do produto da sua arrecadação.

[90] PAULSEN, Leandro. *Direito tributário*, 2007, op. cit., p. 611.

2. Imposto

a) Conceito

O art. 16, do CTN, define o imposto como o "tributo cuja obrigação tem por fato gerador uma situação independente de qualquer atividade estatal específica, relativa ao contribuinte". Assim, o contribuinte está obrigado a pagar o imposto, não porque existe, em contrapartida, uma atuação estatal que lhe é especificamente dirigida (serviço público, exercício do poder de polícia ou obra pública), mas, sim, em razão da manifestação de riqueza representada pelos vários signos escolhidos pelo legislador, quando da definição do fato gerador do imposto. Por essa razão, Geraldo Ataliba[91] chama o imposto de tributo não vinculado.

O imposto sempre tem por hipótese de incidência "ou um comportamento do contribuinte"[92] (o IR, por exemplo, é exigido em razão do fato de a pessoa auferir renda), ou "uma situação jurídica na qual ele se encontra"[93] (v.g., a situação de ser proprietário de um imóvel faz nascer a exigência de pagamento de IPTU em favor do município no qual se encontra esse imóvel).

Outra característica típica do imposto é que o produto originado de sua arrecadação não pode ser vinculado a órgão, fundo ou despesa, salvo as exceções previstas expressamente no art. 167, inciso IV, da CRFB/1988,[94] regra também chamada

---

[91] Cf. ATALIBA, Geraldo. *Hipótese de incidência tributária*, 1973, op. cit.
[92] Cf. CARRAZA, Roque Antonio. *Curso de direito constitucional tributário*. 9. ed. rev. e amp. São Paulo: Malheiros, 1997. p. 308.
[93] Ver: CARRAZZA, Roque Antonio. Ibid., p. 308.
[94] Constituição da República Federativa do Brasil de 1988: Art. 167. São vedados: IV — a vinculação de receita de impostos a órgão, fundo ou despesa, ressalvadas a repartição do produto da arrecadação dos impostos a que se referem os arts. 158 e 159, a destinação de recursos para as ações e serviços públicos de saúde, para manutenção e desenvolvimento do ensino e para realização de atividades da administração tributária, como determinado, respectivamente, pelos arts. 198, §2º, 212 e 37, XXII, e a prestação

de não afetação das receitas dos impostos e cujo enunciado se traduz numa vedação dirigida ao legislador.

A propósito, destaca-se a ementa de acórdão proferido pelo Pleno do STF no julgamento do recurso extraordinário nº 183.906/SP[95] no qual se questionava a constitucionalidade de lei estadual que majorou a alíquota do ICMS, vinculando o produto da arrecadação adicional a órgão específico, que iria empregar esse recurso na construção de casas próprias, *verbis*:

> IMPOSTO — VINCULAÇÃO A ÓRGÃO, FUNDO OU DESPESA. A teor do disposto no inciso IV do artigo 167 da Constituição Federal, é vedado vincular receita de impostos a órgão, fundo ou despesa. A regra apanha situação concreta em que lei local implicou majoração do ICMS, destinando-se o percentual acrescido a um certo propósito — aumento de capital de caixa econômica, para financiamento de programa habitacional. Inconstitucionalidade dos artigos 3º, 4º, 5º, 6º, 7º, 8º e 9º da Lei nº 6.556, de 30 de novembro de 1989, do Estado de São Paulo.

No mesmo sentido, o STF se manifestou, por exemplo, quando da apreciação da ADI nº 1.689-PE[96] e 3.576-RS[97], cujas respectivas ementas ora se transcreve:

> AÇÃO DIRETA DE INCONSTITUCIONALIDADE. LEI ESTADUAL 12.223, DE 03.01.05. FUNDO PARTILHADO DE

---

de garantias às operações de crédito por antecipação de receita, previstas no art. 165, §8º, bem como o disposto no §4º deste artigo; (Redação dada pela Emenda Constitucional nº 42, de 19.12.2003).

[95] BRASIL. Supremo Tribunal Federal. RE nº 183.906-SP. Pleno. Relator: ministro Marco Aurélio. Julgado em 18 de setembro de 1997. *DJ*, 30 abr. 1998.

[96] BRASIL. Supremo Tribunal Federal. ADI nº 1.689-PE. Pleno. Relator: ministro Sydney Sanches. Julgado em 12 de março de 2003. *DJ*, 2 maio 2003.

[97] BRASIL. Supremo Tribunal Federal. ADI n. 3.576-RS. Pleno. Relator: ministra Ellen Gracie. Julgado em 22 de novembro de 2006. *DJ*, de 2 fev. 2007.

COMBATE ÀS DESIGUALDADES SOCIAIS E REGIONAIS DO ESTADO DO RIO GRANDE DO SUL. CONCESSÃO DE CRÉDITO FISCAL PRESUMIDO DE ICMS CORRESPONDENTE AO MONTANTE DESTINADO AO FUNDO PELAS EMPRESAS CONTRIBUINTES DO REFERIDO TRIBUTO. ALEGAÇÃO DE OFENSA AO ART. 155, §2º, XII, G, DA CONSTITUIÇÃO FEDERAL. INOCORRÊNCIA. CAUSA DE PEDIR ABERTA. ART. 167, IV, DA CARTA MAGNA. VINCULAÇÃO DE RECEITA PROVENIENTE DA ARRECADAÇÃO DE IMPOSTO A FUNDO ESPECÍFICO. VEDAÇÃO EXPRESSA. 1. Alegação de ofensa constitucional reflexa, manifestada, num primeiro plano, perante a LC 24/75, afastada, pois o que se busca, na espécie, é a demonstração de uma direta e frontal violação à norma expressamente prevista no art. 155, §2º, XII, g, da Constituição Federal, que proíbe a outorga de isenção, incentivo ou benefício fiscal em matéria de ICMS sem o consenso da Federação. Precedentes: ADI 1.587, rel. Min. Octavio Gallotti, e ADI 2.157-MC, rel. Min. Moreira Alves. 2. O Diploma impugnado não representa verdadeiro e unilateral favor fiscal conferido a determinado setor da atividade econômica local, pois, conforme consta do caput de seu art. 5º, somente o valor efetivamente depositado a título de contribuição para o Fundo criado é que poderá ser deduzido, na forma de crédito fiscal presumido, do montante de ICMS a ser pago pelas empresas contribuintes. 3. As normas em estudo, ao possibilitarem o direcionamento, pelos contribuintes, do valor devido a título de ICMS para o chamado Fundo Partilhado de Combate às Desigualdades Sociais e Regionais do Estado do Rio Grande do Sul, compensando-se, em contrapartida, o valor despendido sob a forma de crédito fiscal presumido, criaram, na verdade, um mecanismo de redirecionamento da receita de ICMS para a satisfação de finalidades específicas e predeterminadas, procedimento incompatível, salvo as exceções expressamente elencadas no art. 167, IV, da Carta

Magna, com a natureza dessa espécie tributária. Precedentes: ADI 1.750-MC, rel. Min. Nelson Jobim, ADI 2.823-MC, rel. Min. Ilmar Galvão e ADI 2.848-MC, rel. Min. Ilmar Galvão. 4. Ação direta cujo pedido se julga procedente.

DIREITO CONSTITUCIONAL. LEI ORÇAMENTÁRIA: INICIATIVA. VINCULAÇÃO DE RECEITA. AUTONOMIA MUNICIPAL. ASSISTÊNCIA À CRIANÇA E AO ADOLESCENTE. AÇÃO DIRETA DE INCONSTITUCIONALIDADE DO PARÁGRAFO ÚNICO DO ART. 227 DA CONSTITUIÇÃO DO ESTADO DE PERNAMBUCO, QUE DISPÕEM: "Art. 227. O Estado e os Municípios promoverão programas de assistência integral à criança e ao adolescente, com a participação deliberativa e operacional de entidades não governamentais, através das seguintes ações estratégicas: I —... II —... III —... IV —... V —... Parágrafo Único — Para o atendimento e desenvolvimento dos programas e ações explicitados neste artigo, o Estado e os Municípios aplicarão anualmente, no mínimo, o percentual de um por cento dos seus respectivos orçamentos gerais". ALEGAÇÃO DE QUE TAIS NORMAS IMPLICAM VIOLAÇÃO AOS ARTIGOS 18, "CAPUT", 25, "CAPUT", 30, III, 61, §1º, II, "b", E 167, IV, TODOS DA CONSTITUIÇÃO FEDERAL DE 1988. 1. A Prefeitura Municipal de Recife, ao provocar a propositura da presente Ação Direta de Inconstitucionalidade, pela Procuradoria Geral da República, não pretendeu se eximir da responsabilidade, que também lhe cabe, de zelar pela criança e pelo adolescente, na forma do art. 227 da Constituição Federal e do artigo 227, "caput", e seus incisos da Constituição Estadual. Até porque se trata de "dever do Estado", no sentido amplo do termo, a abranger a União, os Estados, o Distrito Federal e os Municípios. 2. Sucede que, no caso, o parágrafo único do art. 227 da Constituição Estadual estabelece, para tal fim, uma vinculação orçamentária, ao dizer: "para o atendimento e desenvolvimento dos programas e ações explicitados neste artigo, o Estado e os Municípios aplicarão, anualmente, no mínimo, o percentual de um por cento dos seus respectivos orçamentos gerais". 3. Mas a Constituição Federal atribui competência exclusiva ao Chefe do Poder Executivo (federal, estadual e municipal), para a iniciativa da lei orçamentária anual (artigo 165, inciso III). Iniciativa que fica cerceada com a imposição e automaticidade resultantes do texto em questão. 4. Por outro lado, interferindo no orçamento dos Municípios, não deixa de lhes afetar a autonomia (art. 18 da C.F.), inclusive no que concerne à aplicação de suas rendas (art. 30, inc. III), sendo certo, ademais, que os artigos 25 da parte permanente e 11 do ADCT exigem que os Estados se organizem, com observância de seus princípios, inclusive os relativos à autonomia orçamentária dos Municípios. 5. Ademais, o inciso IV do art. 167 da Constituição Federal, hoje com a redação dada pela E.C. nº 29, de 14.09.2000, veda "a vinculação de receita de impostos a órgão, fundo ou despesa, ressalvada a repartição do produto da arrecadação dos impostos a que se referem os arts. 158 e 159, a destinação de recursos para as ações e serviços públicos de saúde e para manutenção e desenvolvimento do ensino, como determinado, respectivamente, pelos artigos 198, §2º, e 212, e a prestação de garantias às operações de crédito por antecipação de receita, previstas no art. 165, §8º, bem como o disposto no §4º deste artigo". A vedação é afastada, portanto, apenas nas hipóteses expressamente ressalvadas, que não abrangem os programas de assistência integral à criança e ao adolescente. É que, quanto a isso, o inciso IV do art. 167 da Constituição Federal encerra norma específica, fazendo ressalva expressa apenas das hipóteses tratadas nos artigos 198, §2º (Sistema Único de Saúde) e 212 (para manutenção e desenvolvimento do ensino). 6. De qualquer maneira, mesmo que não se considere violada a norma do art. 168, inciso IV, da C.F., ao menos a do art. 165, inciso III, resta inobservada. Assim, também, a relativa à autonomia dos Municípios, quanto à aplicação de suas rendas. 7. Ação Direta julgada procedente, declarando-se a inconstitucionalidade do parágrafo único do art. 227 da Constituição do Estado de Pernambuco.

Dessa forma, como já reconheceu reiteradamente o STF, será inconstitucional a lei que pretender vincular o produto de arrecadação de um imposto a finalidades específicas, que não aquelas ressalvadas pelo art. 167, inciso IV, da CRFB/1988.

b) Classificação

Embora a Constituição Federal de 1988 não tenha classificado explicitamente os impostos, a doutrina traz uma série de classificações que, inclusive, podem ser utilizadas, genericamente, para os tributos. A seguir, elencam-se algumas dessas classificações.[98]

Primeiramente, destaca-se que os impostos podem ser classificados de acordo com o sistema em que se inserem. Assim, podem ser *federais*, *estaduais* ou *municipais*, conforme o ente federativo ao qual a Constituição tenha atribuído competência tributária.

Note-se que tanto os impostos estaduais quanto os municipais estão inseridos na órbita de competência do Distrito Federal, como preceituam os arts. 147 e 155, da CRFB/1988, sendo digno também de registro que, na hipótese de haver território federal instituído, competirão à União os impostos estaduais e, caso tal

---

[98] Ver: AMARO, Luciano. *Direito tributário brasileiro*, 2003, op. cit., p. 87-92 e TORRES, Ricardo Lobo. *Curso de direito financeiro e tributário*, 2004, op. cit., p. 371.

território não venha a ser dividido em municípios, também serão de competência da União os impostos municipais.

Uma segunda classificação é considerar que o imposto pode ter finalidade *fiscal* (arrecadatória) ou *extrafiscal*, também chamada de finalidade híbrida, em que se conjugam fins fiscais e regulatórios. Se a finalidade da instituição do imposto é abastecer os cofres públicos, diz-se que esse imposto possui finalidade arrecadatória ou fiscal. Mas é possível que a instituição do imposto tenha por objetivo estimular ou desestimular determinados comportamentos, fazendo com que o imposto tenha uma finalidade extrafiscal.

A verificação da eventual presença da característica de extrafiscalidade num tributo depende, pois, da análise da função que ele exerce no campo do Sistema Tributário Nacional. A rigor, pode-se sustentar que, como mencionamos, caso o objetivo principal do tributo seja basicamente carrear recursos financeiros para o Estado, nele identifica-se a função meramente fiscal e, por outro lado, se a tributação serve como instrumento de intervenção no domínio econômico, interferindo na economia privada, estimulando atividades, desestimulando o consumo de determinado bem, ou mesmo traduz-se como auxílio para a consecução das ações públicas de natureza urbanística, nela estará presente a função extrafiscal, ou seja, outra que não apenas a arrecadatória.

Na realidade, o Estado dispõe de uma grande variedade de instrumentos destinados a orientar os comportamentos dos cidadãos, como por meio de medidas tributárias que desestimulam a realização do fato gerador pelo adicional de custos que aquela hipótese representa, como ao tributar bebidas e cigarros, que acabam tendo um alto custo para seus consumidores.

A opção do Estado pela utilização de medidas para moldar o comportamento dos contribuintes dentro de parâmetros que entenda desejáveis à sociedade se relaciona diretamente com o princípio da proporcionalidade.[99] Em atenção às circunstâncias fáticas e jurídicas existentes, ou seja, encontra limites apenas na articulação entre a necessidade da intervenção, sua adequação e proporcionalidade em sentido estrito.

Contudo, tecnicamente, tal assertiva merece ajuste, eis que inexiste no campo do direito tributário essa visão totalmente apartada. Fato é que a tributação é concebida como um todo unitário, tanto refletindo a preocupação do poder público com questões relacionadas à arrecadação, quanto servindo a ações governamentais capazes de atingir direta ou indiretamente a vida econômica da população.

Da mesma forma, partindo da ideia de que o período moderno é caracterizado pelas finanças funcionais, em outras palavras, pelo exercício de uma atividade financeira estatal orientada no sentido de influir diretamente a conjuntura econômica, Luiz Emygdio Franco da Rosa Jr.[100] assevera que, "quando o Estado utiliza o tributo com fim extrafiscal, isso não significa que desapareça a intenção de auferir receita, pois esta persiste, embora de forma secundária".

Um exemplo típico da extrafiscalidade imanente a um tributo é a possibilidade de o município instituir IPTU progressivo no tempo, hipótese essa que se encontra disposta no art. 182, §4º, inciso II da CRFB/1988,[101] que disciplina sobre a

---

[99] ALEXY, Robert. *Teoria dos direitos fundamentais*. Tradução de Virgilio Afonso da Silva. São Paulo: Malheiros, 2008. *[Theorie der Grundrechte*. 5. ed. 2006].
[100] ROSA JUNIOR, Luiz Emygdio F. da. *Manual de direito financeiro e direito tributário*, 2005, op. cit., p. 6.
[101] Constituição da República Federativa do Brasil de 1988: Art. 182. A política de desenvolvimento urbano, executada pelo Poder Público municipal, conforme diretrizes gerais fixadas em lei, tem por objetivo ordenar o pleno desenvolvimento das funções sociais da cidade e garantir o bem-estar de seus habitantes. §4º — É facultado ao Poder Público municipal, mediante lei específica para área incluída no plano diretor, exigir, nos termos da lei federal, do proprietário do solo urbano não edificado, subutilizado ou não utilizado, que promova seu adequado aproveitamento sob pena, sucessivamente, de: II — imposto sobre a propriedade predial e territorial urbana progressivo no tempo.

política urbana. Tal exação, portanto, serve diretamente como instrumento de intervenção estatal no domínio social, com a finalidade de garantir o cumprimento da função social da propriedade pugnada por nosso ordenamento constitucional. Os impostos sobre o comércio exterior, por seu turno, também são utilizados de maneira extrafiscal.[102]

Cumpre ressaltar ainda a classificação que distingue os impostos *pessoais* dos *reais*. Os impostos pessoais são aqueles que levam em consideração as características pessoais do contribuinte (nível de renda, família). Os impostos reais, diferentemente, são cobrados levando-se em consideração aspectos objetivos, independentemente dos aspectos pessoais do contribuinte.

O art. 145, §1º, da CRFB/1988 preceitua que "sempre que possível, os impostos terão caráter pessoal e serão graduados segundo a capacidade econômica do contribuinte". O citado dispositivo constitucional revela que a pessoalidade dos impostos contribui para uma tributação mais justa, em que condições pessoais do contribuinte devem ser levadas em consideração para que se estabeleça uma maior ou menor tributação.

Note-se que não existe liberdade para o legislador infraconstitucional instituir impostos pessoais ou reais. O texto constitucional é firme ao dizer que o imposto somente terá caráter real quando não for possível atribuir-lhe um caráter pessoal.

Nesse sentido, vale recorrer aos ensinamentos de José Marcos Domingues de Oliveira:[103]

> Nesta perspectiva, surge o imposto pessoal como a tributação justa por excelência, pois é através dele que, se preocupan-

---

[102] Cf. MORAES, Bernardo Ribeiro de. *Compêndio de direito tributário*, 2002, op. cit., p. 443-444.
[103] OLIVEIRA, José Marcos Domingues de. Espécies de tributos. *Revista de Direito Administrativo*. Rio de Janeiro, v. 183, p. 48, 1991.

do a lei com as condições individuais do sujeito passivo, se enseja melhor pesquisa da efetiva idoneidade econômica do contribuinte para acudir à despesa pública sem sacrifício do indispensável à sua manutenção. Por esta razão, é de aplaudir-se no particular a fórmula brasileira, tanto na Carta de 1946 como na Constituição de 1988, de dar preferência à tributação pessoal. A cláusula "sempre que isso for possível", constante de ambos os textos, deve ser interpretada no sentido de que, toda vez que se demonstrar que onde há campo de instituição de um imposto pessoal, ainda assim, a lei criar gravame de natureza real, este será inconstitucional, pois a discrição do legislador não pode ir a ponto de boicotar os ditames da Carta Magna, cabendo ao Judiciário, afinal, velar pela prevalência desta sobre a legislação ordinária.

Deve-se ainda mencionar a classificação que distingue os impostos *diretos* e *indiretos*. O imposto é direto quando a pessoa que a lei define como sujeito passivo (contribuinte de direito) é a que teoricamente suporta o ônus do tributo, já que não pode repassá-lo de forma automática e individualizada aos consumidores de seus produtos ou serviços, como ocorre, por exemplo, no caso do imposto de renda. Os impostos indiretos causam uma repercussão econômica de forma automática e individualizada sobre uma terceira pessoa, fazendo com que o contribuinte de direito não suporte o ônus econômico do tributo, mas sim o terceiro (contribuinte de fato) consumidor de seus produtos ou serviços. São exemplos de impostos indiretos aqueles que gravam o consumo de bens ou serviços como o Imposto sobre Produtos Industrializados (IPI), o Imposto sobre Circulação de Mercadorias e Serviços (ICMS) e o Imposto sobre Serviços de Qualquer Natureza (ISS).

Ressaltamos ainda que os impostos podem ser considerados *progressivos* ou *regressivos*. O imposto é progressivo quando proporcional ao aumento da renda do contribuinte, o que aumentará a base de cálculo e, ao mesmo tempo, maior será a alíquota sobre ele incidente, em outras palavras, "a progressividade é critério que exige variação positiva da alíquota à medida que há aumento da base de cálculo".[104]

O art. 153, §2º, inciso I, da CRFB/1988, estabelece que o imposto de renda deve ser informado pelo critério da progressividade. Assim, para atingir tal fim, devem existir diversas alíquotas para o IR, de acordo com a faixa de renda do contribuinte, exigência consentânea, inclusive, com o que preceitua o postulado da capacidade contributiva, na forma do art. 145, §1º, do próprio texto constitucional.

Por outro lado, o imposto será regressivo quando sua onerosidade relativa crescer na razão inversa da capacidade econômica (ou contributiva) do contribuinte; ou seja, quanto mais pobre o sujeito passivo, quanto menor a sua renda, maior será o peso relativo do imposto. A rigor, a regressividade se manifesta em relação aos tributos indiretos em que, como já mencionado, o ônus financeiro é suportado por outra pessoa (consumidor final) diferente do contribuinte de direito (v.g., IPI, ICMS, ISS, Cofins etc.) e da maioria dos tributos reais (v.g., IPVA, ITBI, e o próprio IPTU, como regra geral).

Confira-se a lição de Luciano Amaro[105] sobre o tema:

> Denominam-se regressivos quando sua onerosidade relativa cresce na razão inversa do crescimento da renda do contribuinte [...] Suponha-se que o indivíduo 'A' pague como contribuinte de fato ou de direito 10 de imposto ao adquirir o produto 'X', e tenha uma renda de 1.000; o imposto representa 1% de sua

---

[104] PAULSEN, Leandro. *Direito tributário*, 2007, op. cit., p. 305.
[105] AMARO, Luciano. *Direito tributário brasileiro*, 2003, op. cit., p. 90.

renda. Se esta subisse para 2.000, aquele imposto passaria a significar 0,5% da renda, e, se a renda caísse para 500, o tributo corresponderia a 2%. Assim, esse imposto é regressivo, pois, quanto menor a renda, maior é o ônus relativo.

A adoção desses critérios (impostos progressivos e regressivos) está relacionada com os princípios da isonomia, da capacidade contributiva e da pessoalidade.

Cumpre destacar, ainda, a classificação que separa os impostos em *seletivos* e *não seletivos*. O imposto é seletivo quando sua alíquota é aumentada ou diminuída em razão da essencialidade do bem. O imposto é, portanto, não seletivo, quando inexiste tal preocupação. Em regra, o ICMS é um imposto não seletivo, embora ele possa, excepcionalmente, atuar seletivamente.[106]

Por fim, há de se destacar ainda os impostos *cumulativos* e *não cumulativos*. O imposto cumulativo incide em várias fases de circulação do bem, não sendo considerado o valor que já incidiu nas fases anteriores. No imposto não cumulativo (como é o caso do ICMS), em cada fase de circulação, há sua incidência sobre o valor que se agregou ao bem ou sobre o valor acumulado do bem, descontando-se, na última hipótese, o valor que já gravou as fases anteriores.

3. Taxa

a) A origem da taxa no texto constitucional brasileiro[107]

A Constituição de 1824 ignorava a distinção entre impostos e taxas, aparecendo o termo "imposto", por uma única vez,

---
[106] Ibid., p. 91.
[107] Cf. MORAES, Bernardo Ribeiro de. *Compêndio de direito tributário*, 2002, op. cit.

na disposição que estabelecia a iniciativa legislativa privativa da Câmara dos Deputados. Nas demais disposições, aludia a Constituição de 1824 a "contribuição", "contribuição direta" ou, de forma ainda mais vaga, a "imposições gerais". Mesmo quando se realizou no Brasil o primeiro ensaio de uma discriminação constitucional de renda, com o Ato Adicional de 1834, continuou o legislador a referir-se tão somente a "impostos" e "imposições gerais".

A Constituição de 24 de fevereiro de 1891 foi a primeira a designar impostos e taxas, como receitas tributárias mais bem caracterizadas e distintas. No entanto, a terminologia financeira dessa Constituição, moldada sob a influência dominante do modelo norte-americano de 1787, embora atribuísse às taxas e aos impostos significados distintos, não era precisa, isto é, não estabelecia uma distinção tendo como base critérios mais rigorosos.

Assim, dispunha a Constituição de 1824 sobre impostos e taxas em diversas das suas disposições, mas bem se percebe a indeterminação, a incerteza de conceitos. Em verdade, essa imprecisão de conceitos e, consequentemente, essa impropriedade da linguagem jurídica utilizada, verificada em razão, principalmente, da influência de conceitos e critérios estranhos ao ponto de vista jurídico, não constituíam uma deficiência só do nosso então incipiente direito tributário e, por conseguinte, de nossas duas primeiras Constituições.

Ao contrário, essas mesmas deficiências eram sentidas na doutrina do direito tributário de países como Alemanha, Áustria e, posteriormente, Itália e França, onde este ramo do direito se formou e se desenvolveu primeiro.

b) Fato gerador e base de cálculo

A Constituição Federal de 1988 delimita a matéria fática sobre a qual o legislador poderá se valer para a instituição das taxas. Assim, de acordo com o seu art. 145, inciso II, os diferentes entes da federação poderão instituir taxas "em razão do exercício do poder de polícia ou pela utilização, efetiva ou potencial, de serviços públicos específicos e divisíveis, prestados ao contribuinte ou postos a sua disposição".

Como se pode notar, o fato gerador depende da atuação do Estado, que presta uma atividade específica e divisível em relação à pessoa do contribuinte, que pode consistir no (i) exercício regular do poder de polícia (taxa de polícia) ou (ii) na prestação, efetiva ou potencial, de serviço público específico e divisível (taxa de serviço). Note-se que a taxa, ao contrário do imposto, está vinculada a uma atuação estatal, não tendo como objetivo financiar as atividades gerais do Estado.

Em verdade, a taxa financia aquela atividade estatal que, em razão de sua divisibilidade e referibilidade a um indivíduo ou a um grupo determinável, pode ser financiada por tributos pagos por aquele(s) a que essa atividade estatal se dirige.

Para Ricardo Lobo Torres,[108] a taxa é, assim, um tributo contraprestacional, porque é "vinculado a uma prestação estatal específica em favor do contribuinte". Hugo de Brito Machado[109] afirma que não existe necessariamente "uma correlação entre o valor da taxa cobrada e o valor do serviço prestado ou posto à disposição do contribuinte, ou da vantagem que o Estado lhe proporciona". Para este último autor, o essencial na taxa é a referibilidade da atividade estatal ao obrigado, não sendo o proveito ou a vantagem auferidos pelo contribuinte com a contraprestação do Estado pressupostos para a sua cobrança e instituição.

---

[108] TORRES, Ricardo Lobo. *Curso de direito financeiro e tributário*, 2004, op. cit., p. 400.
[109] MACHADO, Hugo de Brito. *Curso de direito tributário*, 2002, op. cit., p. 373.

Note-se, ainda, o disposto no art. 145, §2º, da CRFB/1988, segundo o qual "as taxas não poderão ter base de cálculo própria de imposto". Desse modo, a base de cálculo da taxa não irá mensurar dados relativos à riqueza do contribuinte, mas sim a atividade estatal a ela vinculada.

Assim, a taxa não pode ter como base de cálculo, por exemplo, o valor do patrimônio, a renda ou o preço, que são elementos ligados à pessoa do obrigado e constituem base de cálculo própria de impostos. A propósito, os ensinamentos de Geraldo Ataliba[110] são no sentido de que

> [...] os elementos que o Estado deve ter em mente ao determinar o valor da taxa a ser cobrada do contribuinte [...] devem resultar da intensidade e extensão da atividade estatal, porém nunca de uma qualidade inerente ao interessado ou ao objeto sobre o qual o tributo recai.

De toda forma, cumpre ressaltar que o STF se posiciona no sentido de que a taxa que tem como base de cálculo, por exemplo, a área do imóvel não se caracteriza como inconstitucional, isso porque tal exação não apresenta base de cálculo própria de imposto, *in casu*, de IPTU, ou seja, a base de cálculo de tal imposto (valor venal do imóvel) não se confunde com a área, a metragem do bem, vejamos:

> *CONSTITUCIONAL. TRIBUTÁRIO. TAXA DE COLETA DE LIXO: BASE DE CÁLCULO. IPTU. MUNICÍPIO DE SÃO CARLOS, S. P. I.* — O fato de um dos elementos utilizados na fixação da base de cálculo do IPTU — a metragem da área construída do imóvel — que é o valor do imóvel (CTN, art. 33), ser tomado

---

[110] ATALIBA, Geraldo. Considerações em torno da teoria jurídica da taxa. *Revista de Direito Público*, Rio de Janeiro, n. 9, p. 48.

em linha de conta na determinação da alíquota da taxa de coleta de lixo, não quer dizer que teria essa taxa base de cálculo igual à do IPTU: o custo do serviço constitui a base imponível da taxa. Todavia, para o fim de aferir, em cada caso concreto, a alíquota utiliza-se da metragem da área construída do imóvel, certo que a alíquota não se confunde com a base imponível do tributo. Tem-se, com isto, também, forma de realização da isonomia tributária e do princípio da capacidade contributiva: C.F., artigos 150, II, 145, §1º. II. — R.E. não conhecido.[111]

MUNICÍPIO DE BELO HORIZONTE. TAXA DE FISCALIZAÇÃO, LOCALIZAÇÃO E FUNCIONAMENTO. ALEGADA OFENSA AO ART. 145, §2º, CF. Exação fiscal cobrada como contrapartida ao exercício do poder de polícia, sendo calculada em razão da área fiscalizada, dado adequadamente utilizado como critério de aferição da intensidade e da extensão do serviço prestado, não podendo ser confundido com qualquer dos fatores que entram na composição da base de cálculo do IPTU, razão pela qual não se pode ter por ofensivo ao dispositivo constitucional em referência, que veda a bitributação. Serviço que, no caso, justamente em razão do mencionado critério pode ser referido a cada contribuinte em particular, e de modo divisível, porque em ordem a permitir uma medida tanto quanto possível justa, em termos de contraprestação. Recurso não conhecido.[112]

TAXA — LIMPEZA PÚBLICA — COLETA DE LIXO — LEI 10.253/89 DO MUNICÍPIO DE SÃO CARLOS. Na dicção da

---

[111] BRASIL. Supremo Tribunal Federal. RE nº 232393-SP. Pleno. Relator: ministro Carlos Velloso. Julgado em 12 de agosto de 1999. *DJ*, 5 abr. 2002.
[112] BRASIL. Supremo Tribunal Federal. RE nº 220.316-MG. Pleno. Relator: ministro Ilmar Galvão. Julgado em 12 de agosto de 1999. *DJ*, 29 jun. 2001.

ilustrada maioria, entendimento em relação a qual guardo reservas, o fato de a taxa ser calculada com base na metragem do imóvel, um dos elementos do Imposto Predial e Territorial Urbano, não implica inconstitucionalidade ante o disposto no artigo 145, §2º, da Constituição Federal. Precedente: Recurso Extraordinário nº 232.393-1/SP, relatado pelo Ministro Carlos Velloso, e julgado perante o Pleno em 12 de agosto de 1999.[113]

Com efeito, importante salientar que a referida taxa de limpeza pública, a rigor, consoante o entendimento do próprio STF[114] e que ainda prevalece, foi julgada inconstitucional pela circunstância de envolver, para fins de definição de seu fato gerador, uma prestação de serviço não específico nem mensurável, indivisível e insusceptível de ser referido a determinado contribuinte, o que efetivamente contraria o disposto no art. 145, inciso II, da CRBF/1988,[115] mas a questão afeta a sua base de cálculo resta superada pela atual jurisprudência firmada no âmbito do STF.

Ademais, vale transcrever a ementa do julgamento das Ações Diretas de Inconstitucionalidade nºˢ 1.942 e 2.424, nas quais o Pleno do STF, por unanimidade, julgou inconstitucionais as taxas estaduais cobradas para remunerar as atividades da Polícia Militar nos estados do Pará e do Ceará quando do poli-

---

[113] BRASIL. Supremo Tribunal Federal. RE nº 229.976-SP. Segunda Turma. Relator: ministro Marco Aurélio. Julgado em 29 de fevereiro de 2000. *DJ*, 9 jun. 2000.
[114] Ver: BRASIL. Supremo Tribunal Federal. RE-AgR nº 247.563-SP. Primeira turma. Relator: ministro Sepúlveda Pertence. Julgado em 28 de março de 2006. *DJ*, 28 abr. 2006 e BRASIL. Supremo Tribunal Federal. AI-AgR 474.335-RJ. Primeira Turma. Relator: ministro Eros Grau. Julgado em 30 de novembro de 2004. *DJ*, 4 fev. 2005.
[115] Situação análoga ao posicionamento do STF em relação à inconstitucionalidade da cobrança da taxa de iluminação pública em casos anteriores à EC nº 39/2002, ou seja, anteriormente ao acréscimo do art. 149-A ao Texto Fundamental que autorizou os municípios e o Distrito Federal a instituir contribuição, sob a forma de contribuição de intervenção no domínio econômico, para o custeio do serviço de iluminação pública.

ciamento em eventos privados de cunho comercial e lucrativo, tais como shows e eventos privados.¹¹⁶

> Ação direta de inconstitucionalidade. Art. 2º e Tabela V, ambos da Lei 6.010, de 27 de dezembro de 1996, do Estado do Pará. Medida Liminar. — em face do artigo 144, "caput", inciso V e parágrafo 5º, da Constituição, sendo a segurança pública, dever do Estado e direito de todos, exercida para a preservação da ordem pública e da incolumidade das pessoas e do patrimônio, através, entre outras, da polícia militar, essa atividade do Estado só pode ser sustentada pelos impostos, e não por taxa, se for solicitada por particular para a sua segurança ou para a de terceiros, a título preventivo, ainda quando essa necessidade decorra de evento aberto ao público. — Ademais, o fato gerador da taxa em questão não caracteriza sequer taxa em razão do exercício do poder de polícia, mas taxa pela utilização, efetiva ou potencial, de serviços públicos específicos e divisíveis, o que, em exame compatível com pedido de liminar, não é admissível em se tratando de segurança pública. — Ocorrência do requisito da conveniência para a concessão da liminar. Pedido de liminar deferido, para suspender a eficácia "ex nunc" e até final julgamento da presente ação, da expressão "serviço ou atividade policial-militar, inclusive policiamento preventivo" do artigo 2º, bem como da Tabela V, ambos da Lei 6.010, de 27 de dezembro de 1996, do Estado do Pará.¹¹⁷
>
> Ação Direta de Inconstitucionalidade. 2. Lei nº 13.084, de 29.12.2000, do Estado do Ceará. Instituição de taxa de serviços prestados por órgãos de Segurança Pública. 3. Atividade que

---

¹¹⁶ GODOI, Marciano Seabra de. *Questões atuais do direito tributário na jurisprudência do STF.* São Paulo: Dialética, 2006. p. 88.
¹¹⁷ BRASIL. Supremo Tribunal Federal. Medida Cautelar em ADI nº 1.942-PA. Pleno. Relator: ministro Moreira Alves. Julgado em 5 de maio de 1999. *DJ*, 22 out. 1999.

somente pode ser sustentada por impostos. Precedentes. 4. Ação julgada procedente.[118]

O Governador do Estado do Pará, nos autos da ADI nº 1.942-PA, argumentou que eventos com fins lucrativos, nos quais é utilizado o policiamento preventivo em prol da comunidade, por requisição dos particulares, são exemplos de poder de polícia, razão pela qual é exigida dos organizadores dos eventos uma taxa de segurança pública. Entretanto, o ministro Moreira Alves, relator da aludida ADI, afirmou que as atividades das Polícias Militares e Corpos de Bombeiros em eventos privados não poderiam configurar exercício do poder de polícia e sim serviços públicos prestados ao contribuinte, eis que a segurança pública visa à segurança de todos coletiva ou individualmente, o que inviabilizaria a cobrança de taxa. Nesse mesmo sentido votou o ministro Gilmar Mendes na ADI nº 2424-CE.

c) Competência

A competência para instituir taxa é comum da União, dos estados, Distrito Federal e dos municípios. Entretanto, para o exercício dessa competência, há que se observar se a pessoa jurídica de direito público que instituiu determinada taxa se mostra também constitucionalmente competente para a realização da atividade à qual está vinculado o fato gerador respectivo.[119]

---

[118] BRASIL. Supremo Tribunal Federal. ADI nº 2.424-CE. Pleno. Relator: ministro Gilmar Mendes. Julgado em 1º de abril de 2004. *DJ*, 18 jun. 2004.
[119] Hugo de Brito Machado entende que a competência para a instituição e cobrança da taxa é privativa, e não comum, uma vez que "só a pessoa jurídica de Direito Público que exercita a atividade estatal pode instituir o tributo vinculado a essa atividade". MACHADO, Hugo de Brito. As taxas no direito brasileiro. *Interesse Público*, Sapucaia do Sul, n. 12, p. 15, 2001.

Dessa forma, a entidade estatal competente para o exercício do poder de polícia e/ou para a prestação de serviço público é competente para a instituição e cobrança da taxa correspondente.

A Constituição Federal enumera as competências materiais de cada uma das pessoas jurídicas de direito público. A competência da União está prevista em seus arts. 21 e 22; a dos municípios, no art. 30; e a dos estados, segundo o §1º do art. 25, é uma competência residual ou remanescente, permitindo-os legislar sobre matéria não atribuída à União ou aos municípios.

Desse modo, somente a União poderá cobrar taxa sobre a fiscalização de entidades que operam no mercado financeiro (art. 21, inciso VIII, CRFB/1988), assim como só o estado cobrará a taxa de incêndio, uma vez que a prevenção e extinção desses não se encontram deferidas à União ou ao município. Por sua vez, apenas o município instituirá taxa relativa aos serviços públicos de interesse local, como a taxa de coleta domiciliar de lixo (art. 30, inciso V, CRFB/1988).

Ressalte-se que a referida taxa de coleta domiciliar de lixo teve sua constitucionalidade reconhecida pelo STF por meio da edição da Súmula Vinculante nº 19,[120] uma vez que é possível identificar o usuário do serviço, os proprietários de tais imóveis. Diferente seria se a taxa fosse cobrada para recolher o lixo de logradouros públicos, pois esse tipo de taxa perderia sua característica de divisibilidade.

Voltando à questão da competência, nas matérias de competência comum, previstas no art. 23, da CRFB/1988, é preciso verificar qual o interesse que prevalece no desempenho da

---

[120] BRASIL. Supremo Tribunal Federal. Súmula Vinculante nº 19: A taxa cobrada exclusivamente em razão dos serviços públicos de coleta, remoção e tratamento ou destinação de lixo ou resíduos provenientes de imóveis não viola o artigo 145, II, da Constituição Federal.

atividade estatal: o nacional, regional ou local, para identificar qual o ente competente para exigir o tributo. Se no caso concreto se mostra impossível identificar o interesse predominante, preserva-se a taxa federal em detrimento da estadual, que por sua vez prevalecerá sobre a municipal.[121]

d) O princípio da capacidade contributiva

Em que pese inexistir previsão explícita em nossa Constituição da República quanto à aplicabilidade do princípio da capacidade contributiva às taxas, a doutrina majoritária[122] e jurisprudência do STF[123] caminham no sentido da sua aplicabilidade. A propósito, lição de José Marcos Domingues de Oliveira:[124]

> Malgrado essa característica das taxas, submetem-se elas ao cânone da capacidade contributiva, em primeiro lugar, determinando ela a intributabilidade daqueles que, por incidência delas, estariam tendo o seu "mínimo de existência digna" comprometido (exemplo desta incidência do princípio é a chamada "justiça gratuita", que decorre da sua conjugação com o direito de ação, entendendo-se como redistribuída pela comunidade mais favorecida economicamente a parcela não suportada pelos

---

[121] Ver: ROSA JUNIOR, Luiz Emygdio F. da. *Manual de direito financeiro e tributário*. 16. ed. Rio de Janeiro: Renovar, 2001. p. 390.
[122] Cf. TORRES, Ricardo Lobo. *Curso de direito financeiro e tributário*, 2004, op. cit., p. 402; AMARO, Luciano. *Direito tributário brasileiro*, 2003, op. cit., p. 141; MACHADO, Hugo de Brito. *Os princípios jurídicos da tributação na Constituição de 1988*. 4. ed. São Paulo: Dialética, 2001. p. 71.
[123] BRASIL. Supremo Tribunal Federal. RE nº 177.835-PE. Pleno. Relator: ministro Carlos Velloso. Julgado em 22 de abril de 1999. *DJ*, 25 maio 2001; BRASIL. Supremo Tribunal Federal. RE nº 179.177-PE. Pleno. Relator: ministro Carlos Velloso. Julgado em 22 de abril de 1999. *DJ*, 25 maio 2001 e BRASIL. Supremo Tribunal Federal. RE nº 182.737-PE. Pleno. Relator: ministro Carlos Velloso. Julgado em 22 de abril de 1999. *DJ*, 25 maio 2001.
[124] OLIVEIRA, José Marcos Domingues de. "Espécies de tributos", 1991, p. 50.

administrados mais modestos). Por esta razão (e também por força da isonomia constitucional que, iluminada pela noção de capacidade contributiva, determina que pessoas em posições econômicas diversas paguem tributo diferenciado), as taxas admitem graduação em função de condições fáticas do contribuinte indicadoras de riqueza, podendo implicar diferentes quantidades ou unidades de serviço público e, pois, de cobrança, como no caso de uma taxa de licença de localização variável em virtude da diversidade de atividade e consideração do tamanho do estabelecimento a fiscalizar.[125]

Como se depreende do texto em referência, o princípio da capacidade contributiva deve ser utilizado ao lado do princípio da igualdade também com relação à taxa. Em verdade, é plenamente justificável a aplicação do princípio da capacidade contributiva a um tributo que objetiva, justamente, remunerar a prestação de serviços públicos, de interesse da coletividade, tão essenciais à população mais carente.

e) As espécies de taxas

E.1) TAXA DE POLÍCIA:

O poder de polícia está definido no art. 78, do CTN, como:

[...] a atividade da administração pública que, limitando ou disciplinando direito, interesse ou liberdade, regula a prática de ato ou a abstenção de fato, em razão de interesse público concernente à segurança, à higiene, à ordem, aos costumes, à

---

[125] BRASIL. Supremo Tribunal Federal. RE nº 102.524-7-SP. Relator: ministro Moreira Alves. Acórdão publicado em 8 de novembro de 1984.

disciplina da produção e do mercado, ao exercício de atividades econômicas dependentes de concessão ou autorização do Poder Público, à tranquilidade pública ou ao respeito à propriedade e aos direitos individuais ou coletivos.

O Código Tributário Nacional também define quando o poder de polícia pode ser considerado regular. De acordo com o parágrafo único do art. 78, do CTN, "considera-se regular o exercício do poder de polícia quando desempenhado pelo órgão competente nos limites da lei aplicável, com observância do processo legal e, tratando-se de atividade que a lei tenha como discricionária, sem abuso ou desvio de poder".

A taxa de polícia justifica-se no fato de existirem alguns direitos cujo exercício pode afetar o interesse da coletividade, razão pela qual sofrem limitações de ordem pública. É o que ocorre, por exemplo, nos casos de licença para construir, ou alvará para o porte de arma. Nesses casos, o Estado não presta um serviço, mas exerce uma atividade de polícia, eis que o exercício de tais direitos deve obedecer às leis de segurança, cabendo à administração pública verificar o cumprimento das exigências legais.

Sobre o tema, Luiz Emygdio Franco da Rosa Jr.[126] esclarece que, com vista a viabilizar a cobrança de taxa, tendo por base o exercício do poder de polícia, esta deve atender aos seguintes requisitos:

> a) ter caráter contraprestacional para distingui-la do imposto, eis que o mero poder de polícia, em si e por si, não constitui fato gerador da taxa, e somente a prestação de um serviço relacionado ao citado poder é que configura o fato gerador do

---

[126] ROSA JUNIOR, Luiz Emygdio F. da. *Manual de direito financeiro e tributário*, 2005, op. cit., p. 380-381.

tributo; b) que o poder de polícia seja exercido de forma regular, considerando-se como tal, nos termos do parágrafo único do art. 78 do CTN, aquele que for desempenhado pelo órgão competente nos limites da lei aplicável, com observância do processo legal e, tratando-se de atividade que a lei tenha como discricionária, sem abuso ou desvio de poder. Assim, a lei que instituir taxa, cuja hipótese de incidência baseie-se no exercício do poder de polícia, deve precisar a atividade estatal específica a ser desempenhada relativa ao contribuinte, ou seja, o serviço público específico e divisível.

Em razão dessa exigência legal de mensurabilidade que embase a cobrança da taxa de polícia, por meio da Súmula nº 157 o STJ[127] considerou "ilegítima a cobrança de taxa, pelo município, na renovação de licença para localização de estabelecimento comercial ou industrial"; contudo, tal Enunciado foi revogado, ao argumento de que sua redação era de caráter genérico, porquanto as decisões que a fomentaram se referiam ao fato de leis municipais terem sido consideradas ilegítimas em razão da inexistência de previsão acerca da atividade estatal que seria desempenhada para a renovação da referida licença, bem como da identificação de qual órgão administrativo executaria tal atividade.

De toda forma, o STF, decidindo sobre a matéria, firmou o entendimento de que o poder de polícia não precisa corresponder necessariamente a uma contraprestação efetiva, podendo, portanto, ser de natureza potencial, ou seja, para viabilizar a cobrança da taxa, basta que exista um órgão administrativo in-

---

[127] BRASIL. Superior Tribunal de Justiça — STJ Súmula nº 157 — 22/03/1996 — DJ 15.04.1996 Cobrança de Taxa — Município — Renovação de Licença para Localização — Legitimidade. É ilegítima a cobrança de taxa, pelo Município, na renovação de licença para localização de estabelecimento comercial ou industrial.

cumbido da fiscalização e devidamente equipado para o exercício do mencionado poder de polícia.[128]

E.2) TAXA DE SERVIÇO

De acordo com o art. 145, inciso II, da CRFB/1988,[129] e conforme o disposto no art. 77 do Código Tributário Nacional,[130] para que o serviço público possa servir como fato gerador da taxa, ele deve ser: específico e divisível; prestado ao contribuinte ou posto à sua disposição; e utilizado, efetiva ou potencialmente, pelo contribuinte.

O Código Tributário Nacional também procura definir em que situações o serviço é efetiva ou potencialmente utilizado pelo contribuinte e o que se deve entender por um serviço específico e divisível.

Destarte, disciplina o CTN que os serviços públicos a que se refere o seu art. 77 consideram-se efetivamente utilizados pelo contribuinte, "quando por ele usufruído a qualquer título (art. 79, inciso I, alínea "a" do CTN)". Por outro lado, o serviço pú-

---

[128] Nesse sentido, ver: BRASIL. Supremo Tribunal Federal. RE nº 115.213-SP. Primeira Turma. Relator: ministro Ilmar Galvão. Julgado em 13 de agosto de 1991. *DJ*, 6 set. 1991; BRASIL. Supremo Tribunal Federal. RE nº 208.489-SP. Primeira Turma. Relator: ministro Ilmar Galvão. Julgado em 9 de setembro de 1997. *DJ*, 6 fev. 1998; BRASIL. Supremo Tribunal Federal. RE nº 198.904-RS. Primeira Turma. Relator: ministro Ilmar Galvão. Julgado em 28 de maio de 1996. *DJ*, 27 set. 1996; BRASIL. Supremo Tribunal Federal. RE nº 220.316-MG. Pleno. Relator: ministro Ilmar Galvão. Julgado em 12 de agosto de 1999. *DJ*, 29 jun. 2001 e BRASIL. Supremo Tribunal Federal. RE-AgR nº 188.908-SP. Relator: ministro Sepúlveda Pertence. Julgado em 24 de junho de 2003. *DJ*, 17 out. 2003.
[129] Constituição da República Federativa do Brasil de 1988: Art. 145. A União, os Estados, o Distrito Federal e os Municípios poderão instituir os seguintes tributos: II — taxas, em razão do exercício do poder de polícia ou pela utilização, efetiva ou potencial, de serviços públicos específicos e divisíveis, prestados ao contribuinte ou postos a sua disposição.
[130] Lei nº 5.172, de 25 de outubro de 1966. Art. 77. As taxas cobradas pela União, pelos Estados, pelo Distrito Federal ou pelos Municípios, no âmbito de suas respectivas atribuições, têm como fato gerador o exercício regular do poder de polícia, ou a utilização, efetiva ou potencial, de serviço público específico e divisível, prestado ao contribuinte ou posto à sua disposição.

blico será potencialmente utilizado pelo contribuinte, "quando, sendo de *utilização* compulsória, sejam postos à sua disposição mediante atividade administrativa em efetivo funcionamento. (art. 79, inciso I, alínea "b")" (Os grifos não são do original).

Ao comentar a disposição do Código Tributário Nacional, que procura separar os grupos de serviços que poderiam e dos que não poderiam ser taxados na utilização potencial do serviço, elegendo-se como critério a utilização compulsória, Luciano Amaro[131] afirma que:

> [...] não é a compulsoriedade (seja lá isso o que for) que caracteriza os serviços taxáveis pela simples utilização potencial. O que importa fixar é que a Constituição autoriza a criação de taxas cobráveis tanto na fruição efetiva quanto na fruição potencial de certos serviços (para cuja prestação o Estado se tenha aparelhado).

Ainda segundo o CTN, os serviços públicos serão específicos, "quando possam ser destacados em unidades autônomas de intervenção, de utilidade ou de necessidades públicas", e divisíveis, por não serem "suscetíveis de utilização, separadamente, por parte de cada um de seus usuários" (art. 79, incisos II e III).

Note-se que o serviço público que dá origem à instituição da taxa deve ser, concomitantemente, específico e divisível, sendo da competência dos impostos aqueles serviços indivisíveis ou gerais, eis que tais serviços são desenvolvidos pelo Estado em favor de toda a coletividade.

De acordo com Celso Antonio Bandeira de Mello,[132] o serviço público específico "é atividade que congrega meios ma-

---

[131] AMARO, Luciano. *Direito tributário brasileiro*, 2003, op. cit., p. 40.
[132] MELLO, Celso Antonio Bandeira de. *Elementos de direito administrativo*. São Paulo: Revista dos Tribunais, 1980. p. 27.

teriais, pessoal e organização, mantida, regida e controlada pelo Estado, para satisfação de uma necessidade pública em regime de Direito Público".

Outra disposição do CTN, no que concerne à taxa de serviço e que merece destaque, é o conteúdo de seu art. 80, segundo o qual a taxa de serviço somente será legítima se a mesma for instituída pelo ente político competente para a prestação do respectivo serviço. Nesse ponto, portanto, se igualam a taxa de serviço e a taxa de polícia.

E.3) PEDÁGIO

O inciso V, do art. 150, da CRFB/1988[133] insere o instituto do pedágio no Sistema Tributário Nacional, trazendo controvérsia na doutrina quanto a sua natureza. Tributo ou preço público?

Sacha Calmon Navarro Coêlho[134] sustenta que o fato gerador do pedágio é o uso de via pública, ou uso de via particular ou concedida a particular, sendo certo que "o uso do bem público ou particular é feito pelo pagamento de preços", não caracterizando tributo.

No entanto, o entendimento predominante na doutrina aponta pela natureza tributária do pedágio, pois esse instituto é encontrado em um dispositivo constitucional que cuida de tributos, excetuando a aplicação de um princípio tributário.

Roque Antonio Carraza[135] assevera que o serviço público de conservação das rodovias que autoriza a instituição do pedágio é "verdadeira taxa de serviço, inobstante seu *nomem iuris*".

---

[133] Constituição da República Federativa do Brasil de 1988: Art. 150. Sem prejuízo de outras garantias asseguradas ao contribuinte, é vedado à União, aos Estados, ao Distrito Federal e aos Municípios: V — estabelecer limitações ao tráfego de pessoas ou bens, por meio de tributos interestaduais ou intermunicipais, ressalvada a cobrança de pedágio pela utilização de vias conservadas pelo Poder Público;
[134] COÊLHO, Sacha Calmon Navarro. *Curso de direito tributário brasileiro*, 2003, op. cit., p. 427.
[135] CARRAZA, Roque Antonio. *Curso de direito constitucional tributário*. 9. ed. rev. e amp. São Paulo: Malheiros, 1997. p. 324.

Os autores que sustentam o caráter tributário do pedágio concordam que não se cobra pedágio pela mera disponibilidade das vias trafegáveis. É o uso da via que autoriza o pedágio. Do mesmo modo, a construção de estradas ou a realização de obras não pode servir de fundamento para a exigência do pedágio, eis que tais obras poderiam levar à instituição de contribuição de melhoria, mas não de pedágio, cuja cobrança, repita-se, pressupõe o uso de via pública.

Em suma, se o tributo é vinculado, sua base de cálculo está ligada ao valor da atividade anteriormente exercida pelo Estado, sendo idealmente a mensuração econômica dessa atividade. Se não é vinculado, a base de cálculo é uma grandeza econômica desvinculada de qualquer atividade estatal. Foi justamente com base nessa linha de raciocínio que o STF pacificou o entendimento por meio da edição da Súmula nº 595 de que "é inconstitucional a taxa municipal de conservação de estradas de rodagem cuja base de cálculo seja idêntica a do imposto territorial rural".

O STF,[136] ao julgar Recurso Extraordinário nº 181.475-RS em que se arguia a inconstitucionalidade da Lei nº 7.712, de 22 de dezembro de 1988,[137] teve oportunidade de apreciar a matéria envolvendo o pedágio, dando-lhe tratamento de tributo e não de preço público.

Outro julgamento em que o STF deu tratamento de tributo (taxa) ao pedágio foi aquele em que se declarou a "inconstitucionalidade da Lei nº 8.155/1990, que instituiu imposto sobre a venda de combustível, disfarçado de taxa-pedágio.[138]

---

[136] BRASIL. Supremo Tribunal Federal. RE nº 181.475-RS. Segunda Turma. Relator: ministro Carlos Velloso. Julgado em 4 de maio de 1999. *DJ*, 25 jun. 1999.
[137] A Lei nº 7.712, de 22 de dezembro de 1988, que instituiu a cobrança de selo-pedágio, renovável mês a mês, cobrado nas rodovias federais, teve reconhecida sua constitucionalidade pelo STF.
[138] Ver o interessante artigo de Geraldo Ataliba: Pedágio Federal (Inconstitucionalidade da Lei 8.155/90, que quis criar imposto sobre a venda de combustível). *RDT*, 53, p. 90.

4. Contribuição de melhoria

O art. 145, inciso III, da CRFB/1988[139] prevê que os entes da federação (União, estados, Distrito Federal e municípios) poderão instituir, mediante suas atribuições constitucionalmente previstas, contribuição de melhoria decorrente de obra pública, tributo esse que tem por escopo promover a distribuição mais justa dos ônus de obras realizadas não em razão de um interesse privado, mas em virtude do interesse público nelas envolvido, ou seja, considerado o benefício que trarão para toda a coletividade.

Por sua vez, o art. 81 do CTN[140] traz os elementos necessários à definição da contribuição de melhoria. Da análise de tal comando legal, pode-se concluir que a contribuição de melhoria é um tributo que tem como fato gerador a valorização do imóvel do contribuinte em razão de uma obra pública.[141]

A rigor, tal previsão funda-se na circunstância de que, nada obstante todas as pessoas da sociedade forem beneficiadas indiretamente com a realização da obra pública, algumas acabam particularmente favorecidas, porquanto seus imóveis acabam sendo valorizados por se localizarem na sua zona de influência e, nesse sentido, se mostra uma medida de justiça que tais beneficiários sejam chamados a participar em maior grau do custeio da referida obra, por meio do pagamento de tributo específico.

---

[139] Constituição da República Federativa do Brasil de 1988: Art. 145. A União, os Estados, o Distrito Federal e os Municípios poderão instituir os seguintes tributos: III — contribuição de melhoria, decorrente de obras públicas.

[140] Lei nº 5.172, de 25 de outubro de 1966. Art. 81. A contribuição de melhoria cobrada pela União, pelos Estados, pelo Distrito Federal ou pelos Municípios, no âmbito de suas respectivas atribuições, é instituída para fazer face ao custo de obras públicas de que decorra valorização imobiliária, tendo como limite total a despesa realizada e como limite individual o acréscimo de valor que da obra resultar para cada imóvel beneficiado.

[141] CTN: "Art. 81: A contribuição de melhoria cobrada pela União, pelos Estados, pelo Distrito Federal ou pelos Municípios, no âmbito de suas respectivas atribuições, é instituída para fazer face ao custo de obras públicas de que decorra valorização imobiliária, tendo como limite total a despesa realizada e como limite individual o acréscimo de valor que da obra resultar para cada imóvel beneficiado".

É importante notar que a obrigação de pagar esse tributo somente nasce a partir da valorização do imóvel do contribuinte. Conforme preceitua o art. 1º, do Decreto-Lei nº 195, de 24 e fevereiro de 1967, "a contribuição de melhoria, prevista na Constituição Federal, tem como fato gerador o acréscimo do valor do imóvel localizado nas áreas beneficiadas direta ou indiretamente por obras públicas".

Importante salientar, como já decidiram o STF[142] e o STJ,[143] que é indispensável a efetiva ocorrência da valorização imobiliária para viabilizar a cobrança da contribuição de melhoria.

O Decreto-Lei nº 195/1967 traz, ainda, em seu art. 2º, um rol taxativo das obras públicas que poderão ensejar a cobrança da contribuição de melhoria.[144]

---

[142] Ver: BRASIL. Supremo Tribunal Federal. RE nº 115.863-SP. Segunda Turma. Relator: ministro Célio Borja. Julgado em 29 de outubro de 1991. *DJ*, 8 maio 1992; BRASIL. Supremo Tribunal Federal. RE nº 116.147-SP. Segunda Turma. Relator: ministro Célio Borja. Julgado em 29 de outubro de 1991. *DJ*, 8 maio 1992 e BRASIL. Supremo Tribunal Federal. RE nº 114.069-SP. Segunda Turma. Relator: ministro Carlos Velloso. Julgado em 15 de abril de 1994. *DJ*, 30 set. 1994.

[143] Ver: BRASIL. Superior Tribunal de Justiça. REsp nº 671.560-RS. Primeira Turma. Relator: ministra Denise Arruda. Julgado em 15 de maio de 2007. *DJ*, 11 jun. 2007; BRASIL. Superior Tribunal de Justiça. REsp nº 629.471-RS. Segunda Turma. Relator: ministro João Otávio de Noronha. Julgado em 13 de fevereiro de 2007. *DJ*, 5 mar. 2007 e BRASIL. Superior Tribunal de Justiça. REsp nº 647.134-SP. Primeira Turma. Relator: ministro Luiz Fux. Julgado em 10 de outubro de 2006. *DJ*, 1º fev. 2007.

[144] Decreto-Lei nº 195, de 24 de fevereiro de 1967. Art. 2º Será devida a Contribuição de Melhoria, no caso de valorização de imóveis de propriedade privada, em virtude de qualquer das seguintes obras públicas: I — abertura, alargamento, pavimentação, iluminação, arborização, esgotos pluviais e outros melhoramentos de praças e vias públicas; II — construção e ampliação de parques, campos de desportos, pontes, túneis e viadutos; III — construção ou ampliação de sistemas de trânsito rápido inclusive todas as obras e edificações necessárias ao funcionamento do sistema; IV — serviços e obras de abastecimento de água potável, esgotos, instalações de redes elétricas, telefônicas, transportes e comunicações em geral ou de suprimento de gás, funiculares, ascensores e instalações de comodidade pública; V — proteção contra secas, inundações, erosão, ressacas, e de saneamento de drenagem em geral, diques, cais, desobstrução de barras, portos e canais, retificação e regularização de cursos d'água e irrigação; VI — construção de estradas de ferro e construção, pavimentação e melhoramento de estradas de rodagem; VII — construção de aeródromos e aeroportos e seus acessos; VIII — aterros e realizações de embelezamento em geral, inclusive desapropriações em desenvolvimento de plano de aspecto paisagístico.

Outro aspecto a ser analisado refere-se ao cálculo da contribuição de melhoria. Existem limites para a cobrança desse tributo: um limite individual, eis que cada contribuinte só pode ser exigido até o montante da valorização imobiliária, e um limite geral, na medida em que o Estado só pode cobrar dos contribuintes o valor do custo da obra.

5. Contribuição especial

A norma matriz das contribuições especiais está disposta no art. 149, da CRFB/1988.[145] De acordo com o §1º do art. 149, da CRFB/1988, somente à União Federal foi outorgada competência para instituir as contribuições especiais agrupadas em seu art. 149, a saber: (i) contribuições sociais, (ii) contribuições de intervenção no domínio econômico e (iii) contribuições de interesse de categorias profissionais ou econômicas. As demais entidades políticas somente poderão instituir contribuições cobradas de seus servidores para o custeio, em benefício deles, de sistema de previdência e assistência social.

Outra característica que se depreende do texto constitucional é que a contribuição especial, ao lado dos empréstimos compulsórios, é um tributo marcado por sua destinação, pois constitui um ingresso obrigatoriamente direcionado a financiar a atuação do Estado em determinado setor (social ou econômico). A propósito, vale mencionar a lição de Derzi,[146] em nota de atualização da obra de Aliomar Baleeiro:

---

[145] Constituição da República Federativa do Brasil de 1988: Art. 149. Compete exclusivamente à União instituir contribuições sociais, de intervenção no domínio econômico e de interesse das categorias profissionais ou econômicas, como instrumento de sua atuação nas respectivas áreas, observado o disposto nos arts. 146, III, e 150, I e III, e sem prejuízo do previsto no art. 195, §6º, relativamente às contribuições a que alude o dispositivo.

[146] BALEEIRO, Aliomar. *Limitações constitucionais ao poder de tributar*. 7. ed. Rio de Janeiro: Forense, 2001. p. 598.

A Constituição de 1988, pela primeira vez, cria tributo finalisticamente afetado, que são as contribuições e os empréstimos compulsórios, dando à destinação que lhes é própria relevância não apenas do ponto de vista do Direito Financeiro ou administrativo, mas igualmente do Direito Tributário. [...] Tais despesas estão predefinidas na Constituição Federal e são para as contribuições:

❑ o custeio da Seguridade Social, habitação, educação ou outra meta, prevista na Ordem Social ou nos direitos sociais, a serem atingidos pelo Estado Democrático de Direito;

❑ o financiamento dos gastos de intervenção do Estado no domínio econômico, conforme as ações definidas no Capítulo da Ordem Econômica; e

❑ a manutenção de entidades, instituídas no interesse de categorias profissionais ou econômicas.

A destinação passou a fundar o exercício da competência da União. Sem afetar o tributo às despesas expressamente previstas na Constituição, falece competência à União para criar contribuições.

O STF, ao julgar o Recurso Extraordinário nº 138.284-CE em que se questionava a constitucionalidade da Lei nº 7.689/1988, que instituiu a contribuição social sobre o lucro — CSLL, definiu alguns pontos cruciais à disciplina das contribuições em referência, dentre os quais a natureza tributária da contribuição social.

Destaca-se, na oportunidade do voto do ministro relator do caso, que o art. 149 da CRFB/1988 "instituiu três tipos de contribuições: a) contribuições sociais, b) de intervenção, c) corporativas. As primeiras — as contribuições sociais — desdobram-se, por sua vez, em a.1) contribuições de seguridade social; a.2) outras de seguridade social; e a.3) contribuições sociais gerais".[147] Vale transcrever parte da ementa do acórdão:

> As contribuições do art. 195, I, II, III, da Constituição, não exigem, para a sua instituição, lei complementar. Apenas a contribuição do parágrafo 4 do mesmo art. 195 é que exige, para a sua instituição, lei complementar, dado que essa instituição deverá observar a técnica da competência residual da União (C.F., art. 195, parágrafo 4; C.F., art. 154, I). Posto estarem sujeitas a lei complementar do art. 146, III, da Constituição, porque não são impostos, não há necessidade de que a lei complementar defina o seu fato gerador, base de cálculo e contribuintes (C.F., art. 146, III, "a"). III.

Como visto, as contribuições sociais se subdividem em (a.1) contribuições sociais da seguridade social, (a.2) outras contribuições de seguridade social e (a.3) contribuições sociais gerais, sendo certo que as contribuições sociais de seguridade social se encontram previstas constitucionalmente no art. 195 da CRFB/1988[148] e no art. 74 do Ato das Disposições Constitucionais Transitórias.

É assinável, ainda, que as contribuições sociais de seguridade social estão submetidas ao princípio da anterioridade nonagesimal, nos termos do art. 195, §6º, CRFB/1988,[149] e que

---

[147] BRASIL. Supremo Tribunal Federal. RE nº 138.284-CE. Pleno. Relator: ministro Carlos Velloso. Julgado em 1 de julho de 1992. *DJ*, 28 ago. 1992.

[148] Constituição da República Federativa do Brasil de 1988: Art. 195. A seguridade social será financiada por toda a sociedade, de forma direta e indireta, nos termos da lei, mediante recursos provenientes dos orçamentos da União, dos Estados, do Distrito Federal e dos Municípios, e das seguintes contribuições sociais: (Ver Emenda Constitucional nº 20, de 1998).

[149] Constituição da República Federativa do Brasil de 1988: Ver art. 195, caput. §6º — As contribuições sociais de que trata este artigo só poderão ser exigidas após decorridos noventa dias da data da publicação da lei que as houver instituído ou modificado, não se lhes aplicando o disposto no art. 150, III, "b".

podem ser instituídas, mediante a edição de lei ordinária, desde que as bases de cálculo estejam previstas expressamente nas alíneas e incisos do art. 195 da CRFB/1988.

As contribuições sociais da seguridade social são as mais controvertidas, dividindo-se, em rol não exaustivo, como se verá mais adiante, nas seguintes subespécies:

i) O inciso I, do art. 195, da CRFB/1988 (com redação dada pela Emenda Constitucional nº 20, de 15 de dezembro de 1998), prevê as contribuições do empregador, da empresa e da entidade a ela equiparada na forma da lei, incidente sobre: (a) folha de salário e demais rendimentos do trabalho, mesmo sem vínculos empregatícios, incluindo-se a contribuição previdenciária dos empregadores, instituída pela Lei nº 7.787/1989 e a contribuição dos autônomos, criada pela LC nº 84/1996 e revogada pela Lei nº 9.876/1999; (b) o faturamento, incluindo-se a Cofins, instituída pela Lei Complementar nº 70/1991[150] e alterada pela Lei nº 9.718/1998[151] e Lei nº 10.833/2003,[152] bem como o PIS, hoje regulado pela Lei nº 9.715/1998, com as alterações da Lei nº 10.637/2002; (c) lucro, é a chamada CSLL, contribuição social sobre o lucro líquido, criada pela Lei nº 7.689/1988, alterada pela Lei nº 7.856/1989, administrada pela União, através da Receita Federal do Brasil.

ii) Contribuições dos trabalhadores e demais segurados da previdência social, disciplinada pelo inciso II, do art. 195, da CRFB/1988.

iii) Contribuições incidentes sobre a receita de concursos de prognósticos, tratada pelo inciso III, do art. 195, da CRFB/1988.

---

[150] A LC nº 70/1991 sofreu alterações de texto com a edição da LC nº 85/1996.
[151] Alterada pelas Leis nº 9.990/2000; nº 10.637/2002; nº 10.865/2004; nº 11.051/2004 e nº 11.196/2005, bem como pela MP nº 2.158-35/2001.
[152] Alterada pelas Leis nº 10.865/2004; nº 10.925/2004; nº 10.996/2004; nº 11.051/2004; nº 11.196/2005; nº 11.307/2006; nº 11.434/2006; nº 11.452/2007; nº 11.488/2007 e, recentemente, pela Lei nº 11.941, de 2009.

iv) Contribuição do importador de bens ou serviços do exterior, ou de quem a lei a ele equiparar, novidade trazida pela Emenda Constitucional nº 42/2003, que acrescentou o inciso IV ao art. 195, da CRFB/1988.

v) Contribuição do produtor, do parceiro, do meeiro e do arrendatário rurais e do pescador artesanal, bem como dos respectivos cônjuges, que exerçam suas atividades em regime de economia familiar, sem empregados permanentes, mediante a aplicação de uma alíquota sobre o resultado da comercialização da produção, e fazendo jus aos benefícios nos termos da lei (conforme redação dada pela EC nº 20/1998).

Como dito, o rol de contribuições sociais da seguridade social na Constituição não é exaustivo, eis que de acordo com o §4º[153] do art. 195, "a lei poderá instituir outras fontes destinadas a garantir a manutenção ou expansão da seguridade social, obedecido o disposto no art. 154, inciso I da CRBF/1988".[154] Nota-se, por oportuno, que o §4º do art. 195 não prevê expressamente a necessidade de lei complementar, mas redireciona a criação de novas contribuições à disciplina normativa constante do art. 154, inciso I, da CRBF/1988.

Ou seja, (i) o §4º do art. 195, da CRFB/1988, atribui competência residual à União Federal para, mediante lei, instituir novas contribuições sociais não referidas no art. 195,[155] e (ii)

---

[153] Constituição da República Federativa do Brasil de 1988: Ver art. 195, *caput*, §4º — A lei poderá instituir outras fontes destinadas a garantir a manutenção ou expansão da seguridade social, obedecido o disposto no art. 154, I.

[154] Constituição da República Federativa do Brasil de 1988: Art. 154. A União poderá instituir: I — mediante lei complementar, impostos não previstos no artigo anterior, desde que sejam não cumulativos e não tenham fato gerador ou base de cálculo próprios dos discriminados nesta Constituição.

[155] De acordo com Luiz Emygdio F. da Rosa Junior, "o STF decidiu que a remissão contida na parte final do art. 195, §4º da CF, ao art. 154, refere-se somente à necessidade de lei complementar para criação de novas contribuições, não proibindo a coincidência da base de cálculo da contribuição social com base de cálculo de imposto já existente (BRASIL. Supremo Tribunal Federal. RE n. 228.321-RS. Plenário. Relator: ministro Carlos Velloso. Julgado em 1º de outubro de 1998. *Informativo STF*, n. 125, p. 1)". ROSA JUNIOR, Luiz Emygdio F. da. *Manual de direito financeiro e tributário*, 2001, op. cit., p. 425.

quando o referido parágrafo indica a aplicação do art. 154, inciso I, que trata da competência residual da União para instituir impostos, na verdade exige que sejam cumpridos todos os pressupostos nele previstos, dentre eles, a instituição mediante lei complementar. A questão, inclusive, foi pacificada no STF na Ação Direta de Inconstitucionalidade nº 1103-1.[156]

Outras espécies de contribuição são aquelas que se destinam a finalidades sociais diversas da seguridade social. São as chamadas contribuições sociais gerais, representadas pelo salário-educação, previsto no art. 212, §5º, da CRFB/1988[157] e pelas contribuições destinadas às entidades privadas de serviço social e de formação profissional vinculadas ao sistema sindical (Sesc, Senai, Senac), conforme dispõe o art. 240, da CRFB/1988.[158]

As contribuições aludidas, por força do art. 149 da CRBF/1988,[159] poderão ser instituídas mediante a edição de lei ordinária, observando-se o princípio da anterioridade.

A par das contribuições sociais, o art. 149, da CRFB/1988, fixa a competência tributária da União Federal para fins de insti-

---

[156] BRASIL. Supremo Tribunal Federal: Ação Direta de Inconstitucionalidade nº 1103-1 — Plenário. Relator ministro Maurício Correa. *DJ*, 25 abr. 1997.

[157] Constituição da República Federativa do Brasil de 1988: Art. 212. A União aplicará, anualmente, nunca menos de dezoito, e os Estados, o Distrito Federal e os Municípios vinte e cinco por cento, no mínimo, da receita resultante de impostos, compreendida a proveniente de transferências, na manutenção e desenvolvimento do ensino. §5º A educação básica pública terá como fonte adicional de financiamento a contribuição social do salário-educação, recolhida pelas empresas na forma da lei. (Redação dada pela Emenda Constitucional nº 53, de 2006) (Ver Decreto nº 6.003, de 2006).

[158] Constituição da República Federativa do Brasil de 1988: Art. 240. Ficam ressalvadas do disposto no art. 195 as atuais contribuições compulsórias dos empregadores sobre a folha de salários, destinadas às entidades privadas de serviço social e de formação profissional vinculadas ao sistema sindical.

[159] Constituição da República Federativa do Brasil de 1988: Art. 149. Compete exclusivamente à União instituir contribuições sociais, de intervenção no domínio econômico e de interesse das categorias profissionais ou econômicas, como instrumento de sua atuação nas respectivas áreas, observado o disposto nos arts. 146, III, e 150, I e III, e sem prejuízo do previsto no art. 195, §6º, relativamente às contribuições a que alude o dispositivo.

tuição de Contribuição de Intervenção no Domínio Econômico, a qual se caracteriza, como o próprio nome está a indicar, como instrumento de intervenção estatal no domínio econômico.

São exemplos de contribuições de intervenção no domínio econômico: o Adicional ao Frete para Renovação da Marinha Mercante (AFRMM), criado objetivando a arrecadação de valores destinados à realização de obras de melhoramento nos portos e serviços de conservação na frota de marinha mercante nacional. Outro exemplo da referida contribuição é a Cide-Combustíveis, criada pela Emenda Constitucional nº 33/2001 e instituída pela Lei nº 10.336/2001.[160]

Finalmente, as contribuições no interesse das categorias profissionais e econômicas, de competência da União Federal, que as poderá instituir mediante a edição de lei ordinária, observando-se o princípio da anterioridade. Essas contribuições são devidas em razão do benefício do contribuinte que participa do grupo profissional em favor do qual se desenvolve a atividade indivisível do Estado.

São destinadas às entidades que representam e fiscalizam as profissões, como os conselhos profissionais (OAB, Cremerj, Crea etc.), os sindicatos de trabalhadores (contribuição sindical, prevista na CLT), bem como os sindicatos patronais.[161]

A Emenda Constitucional nº 39/2002 autorizou a instituição de uma contribuição de iluminação pública pelos mu-

---

[160] Modificada pelas Leis nº 10.636/2002; nº 10.833/2003; nº 10.865/2004; nº 10.866/2004; nº 10.925/2004 e nº 11.196/2005.

[161] Com relação à contribuição devida à Ordem dos Advogados do Brasil, vale mencionar que o Superior Tribunal de Justiça entendeu que as contribuições pagas pelos seus filiados àquela autarquia não têm natureza tributária, fomentando tal decisão no argumento — ao que tudo indica, equivocado — de que, embora definida como autarquia profissional de regime especial ou *sui generis*, a OAB não se confunde com as demais corporações incumbidas do exercício profissional. Cf. BRASIL. Superior Tribunal de Justiça. EREsp nº 503.252-SC. Primeira Seção. Relator: ministro Castro Meira. Julgado em 25 de agosto de 2004. *DJ*, 18 out. 2004.

nicípios (Cosip), conforme o art. 149-A, da CRBF/1988,[162] sob a justificativa

[...] de obter recursos mediante a incidência sobre prestações públicas indivisíveis, pois o Supremo Tribunal Federal declara a inconstitucionalidade da taxa de iluminação pública por ter por fato gerador serviço inespecífico, não mensurável, indivisível e insuscetível de ser referido a determinado contribuinte (RE 233.332-RJ, AC. do Pleno, de 10.03.99, Rel. Min. Ilmar Galvão, DJ 14.05.99).[163]

Entretanto, tal contribuição não se enquadra em qualquer das três anteriores, valendo registrar que alguns doutrinadores, como Hugo de Brito Machado,[164] suscitam o questionamento quanto à existência de verdadeira incompatibilidade conceitual entre a exação de que se cuida a Cosip e o tributo intitulado contribuição.

Entretanto, é assente o entendimento do STF de que o serviço de iluminação pública não atende aos requisitos de especificidade e divisibilidade, necessários à possibilidade de financiamento mediante a instituição de taxa. Esse entendimento foi consolidado por meio da edição da Súmula nº 670 do STF em 9 de outubro de 2003, afirmando que "o serviço de iluminação pública não pode ser remunerado mediante taxa".

---

[162] Constituição da República Federativa do Brasil de 1988: Art. 149-A. Os Municípios e o Distrito Federal poderão instituir contribuição, na forma das respectivas leis, para o custeio do serviço de iluminação pública, observado o disposto no art. 150, I e III. (Incluído pela Emenda Constitucional nº 39, de 2002)
[163] Ver: BRASIL. Supremo Tribunal Federal. RE nº 233.322-RJ; RE nº 228.029-RJ; RE nº 230.130-RJ; RE nº 231.764-RJ; RE nº 226.549-RJ; RE nº 228.028-RJ e RE nº 228.832-RJ.
[164] MACHADO, Hugo de Brito. A Contribuição de Iluminação Pública — CIP. Disponível em: <www.hugomachado.adv.br/conteudo.asp?home=1&secao=2&situacao=2&doc_id=95>. Acesso em: 28 ago. 2007. No mesmo sentido, HARADA, Kiyoshi. Contribuição para o custeio da iluminação pública. *Jus Navigandi*. Disponível em: <www1.jus.com.br/doutrina/texto.asp?id=4076>. Acesso em: 3 set. 2007.

Em verdade, a inovação constitucional trazida pelo art. 149-A da CRFB/1988 trata de espécie tributária, cujo aspecto material exige tanto uma ação do Estado, como um fato da esfera do contribuinte, sendo o resultado auferido com a sua arrecadação finalisticamente afetado,[165] e o grau de referibilidade (proporcionalidade) existente entre a atividade estatal e o valor pago pelo contribuinte não se dá de forma específica e divisível.[166]

Considerando, assim, a necessária proporcionalidade — ínsita à espécie tributária eleita pelo constituinte derivado para suportar o custeio do serviço de iluminação pública prestado pelos entes municipais —, forçoso admitir que a base de cálculo de tais contribuições, como forma de confirmar o critério material da exação, deve estar em sintonia, ou seja, ter uma correspondência lógica, com esse mesmo aspecto material.

Da mesma forma, as leis municipais instituidoras da Cosip devem estabelecer critérios legais harmônicos com a autorização contida no art. 149-A, da CRFB/'988, respeitando, porquanto inafastáveis, os princípios constitucionais tributários, nomeadamente os axiomas limitadores da tributação, traduzidos nos princípios constitucionais da justiça e da igualdade tributária, que se efetivam, no que tange às contribuições, por meio da observância da capacidade contributiva, *ex vi* do art. 145, §1º, do Texto Fundamental.

---

[165] Diferentemente do imposto, já que produto de sua arrecadação não pode estar vinculado a órgão, fundo ou despesa, salvo exceções previstas expressamente no art. 167, inciso IV da CRFB/1988; regra também chamada de não afetação das receitas dos impostos e cujo enunciado se traduz numa vedação dirigida ao legislador.

[166] Diferentemente da taxa, em que exige um grau de referibilidade (proporcionalidade) mais estreito, ou seja, financia aquela atividade estatal que, em razão de sua divisibilidade e referibilidade a um indivíduo ou a um grupo determinável, pode ser financiada por meio de tributo pago por aquele a que essa atividade estatal se dirige.

6. Empréstimo compulsório

De acordo com o art. 148, incisos I e II, da CRFB/1988,[167] a União, mediante lei complementar, poderá instituir empréstimos compulsórios nas seguintes hipóteses: (i) para atender a despesas extraordinárias decorrentes de calamidade pública, de guerra externa ou sua iminência; (ii) no caso de investimento público de caráter urgente e de relevante interesse nacional, observado o disposto em seu art. 150, inciso III, alínea "b".[168]

O parágrafo único do art. 148, da CRFB/1988, por sua vez, vincula a aplicação dos recursos provenientes de empréstimos compulsórios à despesa que fundamentou sua instituição.

Desse modo, pode-se dizer que, consoante a previsão constitucional, são quatro os requisitos para a instituição do empréstimo compulsório: (i) instituição por lei complementar; (ii) ocorrência das situações urgentes descritas no referido art. 148; (iii) destinação legal dos recursos às despesas que deram origem à criação do tributo; (iv) previsão legal para restituir o contribuinte que arcou com o ônus do empréstimo, eis que o empréstimo compulsório é um ingresso temporário de recursos em favor do Estado.

Sublinhe-se que os empréstimos compulsórios instituídos para investimento público sujeitam-se ao princípio da anterioridade, enquanto aqueles decorrentes de calamidade pública,

---

[167] Constituição da República Federativa do Brasil de 1988: Art. 148. A União, mediante lei complementar, poderá instituir empréstimos compulsórios: I — para atender a despesas extraordinárias, decorrentes de calamidade pública, de guerra externa ou sua iminência; II — no caso de investimento público de caráter urgente e de relevante interesse nacional, observado o disposto no art. 150, III, "b".

[168] Constituição da República Federativa do Brasil de 1988: Art. 150. Sem prejuízo de outras garantias asseguradas ao contribuinte, é vedado à União, aos Estados, ao Distrito Federal e aos Municípios: III — cobrar tributos: b) no mesmo exercício financeiro em que haja sido publicada a lei que os instituiu ou aumentou; (Ver Emenda Constitucional nº 3, de 1993).

de guerra externa ou sua iminência não estão sujeitos a tal princípio.

Outra questão que há de ser ressaltada aos empréstimos compulsórios decorre do fato de que a Constituição Federal não indica expressamente o fato gerador do empréstimo compulsório, permitindo que a lei possa eleger a mesma base de imposição dos outros tributos para instituição do empréstimo compulsório.[169]

Questões de automonitoramento

1. Após ler o material, você é capaz de resumir o caso gerador do capítulo 5, identificando as partes envolvidas, os problemas atinentes e as soluções cabíveis?
2. Identifique os principais aspectos de cada espécie tributária.
3. Discorra sobre a natureza jurídica da contribuição de melhoria e do empréstimo compulsório.
4. Analise a aplicação da capacidade contributiva a cada uma das espécies de tributos.
5. Pense e descreva, mentalmente, alternativas para a solução do caso gerador do capítulo 5.

---

[169] O Supremo Tribunal Federal entendeu ser a repartição de competências prevista nos art. 153, 155, e 156 relativas apenas aos impostos, não sendo vedado que a União utilize os fatos geradores de impostos estaduais e municipais para criar outros tributos que não sejam impostos ou taxas, como os compulsórios (BRASIL. Supremo Tribunal Federal. RE nº 228.321-RS. Pleno. Relator: ministro Carlos Velloso. Julgado em 1º de outubro de 1998. *DJ*, 30 maio 2003 e BRASIL. Supremo Tribunal Federal. RE nº 177.137-RS. Relator: ministro Carlos Velloso. Julgado em 24 de maio de 1995. *DJ*, 8 abr. 1997).

3

Federalismo fiscal e a repartição das competências tributárias

Roteiro de estudo

1. Federalismo

O princípio *federativo* é um dos pilares fundamentais ao delineamento do perfil institucional pátrio, ao lado do princípio *republicano*,[170] bem como do caráter *democrático* do *estado de direito* brasileiro, no qual a soberania popular pressupõe que governantes e governados sejam submetidos à mesma lei editada pelos representantes do povo, consoante o disposto no parágrafo único do art. 1º da Constituição da República Federativa do Brasil de 1988 (CRFB/1988).

Destaque-se que a forma federativa adotada pelo Estado brasileiro não pode ser suprimida por emendas constitucionais,

---

[170] O princípio republicano suscita o ideário da limitação, temporariedade e exercício responsável do poder. Diferencia-se, dessa forma, da monarquia, que se caracteriza por ser forma de governo hereditário. Ver art. 2º dos Atos das Disposições Constitucionais Transitórias (ADCT) acerca do plebiscito realizado em 7 de setembro de 1993, por meio do qual foi decidida a não adoção da monarquia como forma de governo para a República Federativa, o Brasil, e bem assim a manutenção do sistema de governo presidencialista.

consubstanciando, nesses termos, limite material do poder de reforma atribuído ao constituinte derivado, previsto no art. 60 §4º, inciso I, da CRFB/1988.[171] Na história recente, o Estado Federal[172] tornou-se o modelo que melhor se associa à organização do Estado democrático, haja vista ser um sistema flexível e eficiente para evitar o excesso de concentração do poder em um único órgão estatal, reduzindo assim os eventuais riscos de abusos advindos desse exercício irrestrito de poder.

Assim, na linha de intelecção do ex-ministro do STF Carlos Mário da Silva Velloso,[173] o federalismo consubstancia uma forma de distribuição espacial de poder do Estado:

> [...] o Estado Federal é na verdade, forma de descentralização do poder, de *descentralização geográfica* do poder do Estado. Constitui técnica de governo, mas presta obséquio, também à liberdade, pois *toda a vez que o poder centraliza-se num órgão ou numa pessoa tende a tornar-se arbitrário*. (Os grifos não são do original)

A doutrina estrangeira,[174] fugindo da dicotomia simplista de escolha entre maior centralização ou não, também destaca o papel fundamental que o federalismo desempenha para evitar o arbítrio e propiciar ambiente econômico eficiente:

---

[171] BRASIL. Constituição da República Federativa. Art. 60, § 4, inciso "I", §4º - Não será objeto de deliberação a proposta de emenda tendente a abolir: I — a forma federativa de Estado.
[172] Os termos "a República Federativa do Brasil", "a Federação", "o Estado Federal" ou "Estado Federado" têm o mesmo significado e serão utilizados indistintamente.
[173] VELLOSO, Carlos Mário da Silva. Estado Federal e estados federados na Constituição brasileira de 1988: do equilíbrio federativo. *BDA — Boletim de Direito Administrativo*, p. 290-310, 1993.
[174] PRUD'HOMME, Rémy; SHAH, Anwar. Centralização *versus* descentralização: o diabo está nos detalhes. In: REZENDE, Fernando; OLIVEIRA, Fabrício Augusto de (Org.). *Federalismo e integração econômica regional* — desafios para o Mercosul. Fórum das Federações. Konrad Adenauer Stiftung, 2004. p. 63-99.

O segundo motivo por que um debate entre prós e os contra seria estéril é que a *descentralização* tem sido um *imperativo político*. Na maioria dos países, ela teve motivação política. Um país descentralizado tem menor probabilidade de se tornar uma ditadura do que um centralizado. Essa é a justificativa principal para a descentralização. É um motivo muito forte. E que tem *implicações econômicas,* porque um pouco de *estabilidade política* é, com efeito, um *pré-requisito para a eficiência, a estabilização e redistribuição econômicas*. (Os grifos não são do original)

E mais. Além de a estabilidade política ser propulsora de desenvolvimento econômico, interessante observar que a forma federativa de Estado propicia uma aproximação entre as decisões políticas e a possibilidade de controle e influência social por parte dos cidadãos, repercutindo, portanto, na democratização do poder, e ainda na amplificação da responsabilização sobre o processo decisório dos agentes estatais.

No entanto, apesar de a concentração absoluta de poder ser um mal que se objetiva combater, os riscos do excesso de descentralização também têm sido identificados como um risco à própria coesão e unidade nacional, há algum tempo, por muitos estudiosos, mesmo por parte dos simpatizantes da Federação como forma de Estado. Com efeito, o próprio Rui Barbosa, que havia sido grande defensor de um federalismo extremado como forma de superação revolucionária do Estado unitário no Brasil (adotado na Constituição do Império de 1824), posto ser a centralização absoluta "incompatível com o liberalismo financeiro em país de dimensão continental", alertava para o lado negativo dos excessos cometidos posteriormente, conforme leciona Ricardo Lobo Torres:[175]

---

[175] TORRES, Ricardo Lobo. *Tratado de direito constitucional financeiro e tributário.* V. I. Constituição financeira, sistema tributário e Estado fiscal. Rio de Janeiro: Renovar, 2009. p. 82 e 90-91.

A discriminação de rendas da Constituição de 1891 e a voracidade dos Estados em busca da ampliação de suas fontes mereciam críticas constantes [de Rui]: "Aqui, pelo contrário, tudo que os Estados são, devem-no à revolução de 1889 e à Constituição de 1891. Eram províncias centralizadas: elevaram-se a Estados autônomos. Vegetavam à custa das sobras da matéria tributável reservadas nas suas fontes principais ao orçamento geral: hoje dominam independentemente, pela Constituição republicana, um vasto campo tributário. E não lhes basta". [...]

Essa dicotomia entre os objetivos de pulverização de poder para evitar o arbítrio e a corrupção e, ao mesmo tempo, a busca pela harmonia e coordenação das políticas públicas nacionais, favorece amplamente a adoção de um modelo federativo de equilíbrio ou de conciliação, o que representa uma das vantagens dessa forma de organização estatal.

De fato, o modelo de *federalismo político* implementado em cada país, o qual é determinante para o sistema de *federalismo fiscal* adotado, se realiza sob a *constante tensão* entre *o imperativo da unidade que congrega e une a nação* de um lado com *a necessidade de autonomia das partes que compõem o todo íntegro* de outro lado. De fato, a Federação é, ao mesmo tempo, conforme ensina Raul Machado Horta,[176] um só Estado, fator de diferenciação da Confederação de Estados, e, também, "uma pluralidade de Estados vinculados pelo laço federativo, e nisso se diferencia do Estado Unitário".

---

[176] HORTA, Raul Machado. Reconstrução do federalismo brasileiro. *Revista de Direito Público*, n. 64, p. 15-29, 1982. Aponta o autor que o Estado Federal possui estrutura **complexa**, no qual "a dualidade estatal projeta-se na pluralidade dos ordenamentos jurídicos dentro da concepção tridimensional dos entes federativos: a comunidade jurídica total — o Estado federal —, a federação, uma comunidade jurídica central, e os Estados-Membros, que são comunidades jurídicas parciais".

De forma sintética, cumpre indicar que o desenho federativo brasileiro, ao contrário do modelo norte-americano,[177] se desenvolveu a partir da concessão gradual de autonomia às províncias brasileiras a partir de um Estado unitário, o que a doutrina denomina de Federação por força centrífuga ou por desagregação.[178]

Logo, no caso brasileiro, a atual Constituição de 1988 consagra a sua forma de Estado já no seu mencionado art. 1º,[179] ou seja, qualifica a República como federativa, o que caracteriza o Brasil como uma federação. Assim, ao contrário do Estado unitário, em nosso país é adotado um sistema de organização político-institucional de sobreposição,[180] no qual coexistem e se coordenam múltiplas ordens jurídicas distintas que incidem sobre o mesmo território,[181] com funções previamente traçadas pelo sistema de repartição de competências constitucionais,[182] o qual é ínsito a essa forma de Estado.

---

[177] No modelo norte-americano, o federalismo foi perfeito por agregação, em que estados anteriormente soberanos se unem por um Pacto Federativo, denominada federação por força centrípeta.

[178] BONAVIDES, Paulo. *Curso de direito constitucional*. 6. ed. São Paulo: Malheiros, 1996. p. 322. Em atenção ainda às peculiaridades do desenho institucional pátrio, interessante notar que nosso federalismo tridimensional é uma experiência original, tendo em vista que o município se inclui entre os membros da federação e a sua competência é derivada diretamente da Constituição.

[179] O art. 1º da CRFB/1988 adota a forma federativa de Estado, ao dispor sobre a "República Federativa do Brasil", o que é complementado, entre outros dispositivos, pelo art. 18, que estabelece a autonomia da União, dos estados, do Distrito Federal e dos municípios, nos termos da Constituição, e pelo art. 60, §4º, I, que impede "a deliberação de proposta de emenda tendente a abolir a forma federativa de Estado".

[180] MIRANDA, Jorge. *Manual de direito constitucional*. 3. ed. Coimbra: Coimbra Editora, 1985. t. III, p. 268. Explica o autor luso: "O Estado Federal tem como núcleo uma estrutura de sobreposição, a qual recobre os poderes políticos locais (dos Estados-membros), de modo a cada cidadão ficar simultaneamente sujeito a duas constituições [...]."

[181] DA SILVA, José Afonso. *Curso de direito constitucional positivo*. 17. ed. São Paulo: Malheiros, 2000. p. 103: Aponta o professor que "a federação consiste na união de coletividades regionais **autônomas** que a doutrina chama de Estados federados, Estados-membros ou simplesmente Estados".

[182] Ver, em especial, os arts. 21, 22, 23, 24, 25 e 30 da CRFB/1988.

Nessa mesma linha de identificação dos elementos ideais essenciais representativos da federação, Raul Machado Horta[183] ressalta, dentre outros aspectos:

(a) A indissociabilidade dos entes federativos; (b) soberania da União; (c) autonomia constitucional e federativa dos Estados; (d) repartição constitucional das competências;(e) intervenção federal nos Estados; (f) iniciativa dos poderes estaduais para propor alteração na Constituição Federal; (g) poder judiciário estadual distinto em sua organização e competência do poder judiciário federal; (h) competência tributária da União e dos Estados, observada a particularização dos tributos de cada um deles.

Nesse sentido, destacaremos pormenorizadamente os elementos identificadores do federalismo fiscal, identificando as singularidades institucionais delineadas após a CRFB/1988.

À União, aos estados, ao Distrito Federal compete legislar *concorrentemente* sobre direito financeiro e *tributário*, nos termos do art. 24, inciso I, da CRFB/1988. O âmbito da competência da União,[184] como ente político de coordenação, é limitado à edição de normas gerais, conferindo a Constituição (§1º do art. 24), ao mesmo tempo, *competência suplementar* aos estados.

---

[183] HORTA, Raul Machado. *Direito constitucional*. 2. ed. Belo Horizonte: Del Rey, 1999. p. 483.
[184] Esse dispositivo constitucional (art. 24, §1º) parece se dirigir ("limitar-se-á a estabelecer normas gerais") exclusivamente à função coordenadora da União, tendo em vista que a mesma União, como pessoa jurídica de direito público interno, no exercício de suas funções como ente político autônomo, nos termos do art. 18 da CRFB/1988, também expede normas específicas de caráter exclusivamente federal no bojo da competência concorrente, dentro dos limites constitucionais estabelecidos, inclusive no que pertine à matéria financeira e tributária. Dessa forma, pode-se distinguir a legislação expedida pela União em pelo menos duas modalidades, as leis de caráter nacional, posto vincularem a atividade legislativa dos entes políticos, e as leis de natureza eminentemente federal. A União pode expedir normas, por exemplo, de direito financeiro e de direito tributário concernentes à sua atividade financeira específica, independentemente da edição das normas gerais referidas no citado §1º do art. 24 da CRFB/1988.

Sobre o tema, André Luiz Borges Netto[185] enfatiza a importância da distinção entre as normas gerais e específicas expedidas pela mesma União, reflexo das múltiplas funções desse ente central da federação, ao destacar:

> [...] as normas gerais a que buscamos um conceito constituem-se em típico exemplo de leis nacionais, pois não se tratam de comandos normativos simplesmente referentes à União ou disciplinadores de relações dessa pessoa política com jurisdicionados e administrados seus, mas sim de normas que têm aplicação à totalidade do Estado Federal, sem exclusão de nenhuma parcela do território pátrio. Não se esqueça, porém, que a União, no âmbito da competência legislativa concorrente, além de editar normas gerais como produto legislativo do Estado nacional, também edita normas específicas, descendo a pormenores para tratar de assuntos relacionados à administração federal (serviços e agentes federais), vinculando somente a conduta daqueles que se submetem às regras do Governo Federal.

A existência de leis editadas pelo Congresso Nacional com características distintas, algumas de caráter exclusivamente federal, as quais vinculam apenas seus jurisdicionados e administrados, e outras de âmbito nacional, disciplinadoras da atuação de todos os entes políticos autônomos, inclusive da própria União como pessoa jurídica de direito público interno, confere maior complexidade ao sistema, conforme adverte Geraldo Ataliba:[186] "[...] as dificuldades para o estabelecimento da distinção entre

---

[185] BORGES NETTO, André Luiz. Normas gerais e competência concorrente — uma exegese do art. 24 da Constituição Federal. p. 179.
[186] ATALIBA, Geraldo. Normas gerais de direito financeiro e tributário e autonomia dos Estados e municípios. *RDP*, v. 10, p. 49.

leis federais e leis nacionais decorrem da origem comum, porque ambas são leis editadas pela União".

Já no que concerne à representação da base principiológica acerca da autonomia dos estados e dos municípios, intrínsecos ao federalismo, conforme já destacado, são destrinchados por três esferas, destacados pelo professor Alexandre de Morais, a saber:[187]

> (i) Auto-organização: poder para elaborar sua própria constituição e legislação, a fim de exercer a competência que lhe foi definida pela Constituição. Os limites à auto-organização são os próprios princípios estabelecidos pela Constituição Federal. (ii) Autogoverno: possibilidade de os entes federados escolherem seus próprios governantes sem qualquer vinculação com o poder central. (iii) Autoadministração: é o livre exercício das competências administrativas, tributárias e legislativas deferidas pela Constituição Federal.

Corolário da autonomia federativa estampada nos arts. 1º, 18 e 60, §4º, I, da CRFB/1988, o município, além de instituir e arrecadar seus tributos (art. 30, inciso III, da CRFB/1988), também tem a atribuição de *suplementar* a legislação federal e estadual (art. 30, inciso II, da CRFB/1988) no que couber.

Essa prerrogativa para *legislar* sobre direito tributário conferida aos entes políticos constitui uma competência genérica para disciplinar os múltiplos aspectos das relações jurídicas tributárias por meio de leis dos seus respectivos parlamentos. É a denominada *competência concorrente* dos entes políticos para editar normas objetivando disciplinar a tributação.

Por sua vez, a *competência tributária* consubstancia a atribuição constitucionalmente conferida ao ente político para instituir e disciplinar os tributos específicos de sua competên-

---

[187] MORAES, Alexandre de. *Direito constitucional*, 1998, op. cit., p. 244-247.

cia, também por meio de lei editada por seu Poder Legislativo. Nesse sentido, a chamada *competência tributária comum*,[188] nomenclatura utilizada no campo tributário para designar a *competência tributária concorrente*, ocorre na hipótese em que a Constituição confere a mais de um ente federado a prerrogativa de instituir determinado tributo de acordo com sua competência administrativa, como ocorre nos casos (1) das taxas (art. 145, inciso II, da CRFB/1988); (2) das contribuições de melhoria (art. 145, inciso III, da CRFB/1988) e (3) das contribuições previdenciárias sobre os seus servidores (art. 149 *caput* e §1º da CRFB/1988).

Assim, não se deve confundir a *competência concorrente para legislar sobre direito tributário* (arts. 24, inciso I, e 30, inciso I, da CRBF/1988) com a *competência tributária concorrente* ou *comum* (arts. 145, incisos II e III, e 149 *caput* e §1º da CRBF/1988). A *competência tributária*, atribuição de natureza política que também se vincula à função legislativa, representa a prerrogativa constitucionalmente conferida aos entes federados (União, estados, Distrito Federal e municípios) para instituir e disciplinar os respectivos tributos, por meio de seu Poder Legislativo, no âmbito, limites e contornos de seu poder de tributar. Cabe ainda salientar que a competência, em seu sentido amplo, abarca também a capacidade tributária ativa, uma vez que o ente competente para instituir e disciplinar a exação tem, igualmente, a prerrogativa de executar leis, serviços, atos ou decisões administrativas relativos aos tributos a ele atribuídos, inclusive no que se refere à cobrança, arrecadação e fiscalização.

---

[188] No âmbito do Direito Constitucional a competência **comum** se refere às atribuições de natureza administrativa de que trata o art. 23 da CRFB/1988, ao lado da competência exclusiva (enumerada, no art. 21 da CRFB/1988, e remanescente, de que trata o art. 25, §1º da CRFB/1988), decorrente (que está implícita na CRFB/1988) e originária (art. 30 da CRFB/1988) dos municípios. Por outro lado, as competências legislativas são classificadas em: privativa (art. 22 da CRFB/1988); concorrente (art. 24 da CRFB/1988), suplementar (art. 24, §§1º a 4º da CRFB/1988); delegada (arts. 22, parágrafo único, e 23, parágrafo único, da CRFB/1988) e originária (art. 30 da CRFB/1988).

A doutrina[189] aponta, basicamente, três modalidades de competências tributárias. Na realidade, a estratificação do instituto da competência em espécies ou modalidades visa, basicamente, facilitar o entendimento do tema, pois, na realidade, é sempre possível apontar imperfeições e novas perspectivas. Nessa toada, importante destacar que "as classificações não são certas ou erradas — são úteis ou inúteis, na medida em que servem para identificar melhor o objeto de análise", assevera Genaro A. Carrió.[190] Nesse contexto, vejamos as referidas modalidades apresentadas pela doutrina: 1) a *competência comum*, a qual, conforme já salientado, consubstancia a prerrogativa de todos os entes políticos instituírem tributos. Exemplos usualmente apontados quanto a essa atribuição são as taxas, a contribuição de melhoria e as contribuições previdenciárias cobradas dos respectivos servidores;[191] 2) a *competência privativa*,[192] por meio da qual apenas o ente político específico

---

[189] AMARO, Luciano. *Direito tributário brasileiro*. 11. ed. rev. e atual. São Paulo: Saraiva, 2005. p. 95.

[190] CARRIÓ, Genaro A. *Notas sobre derecho y language*. Buenos Aires: Abeledo-Perrot, 1973. p. 72.

[191] Nesses casos, de *competência tributária comum*, a definição do ente político específico que tem a atribuição para instituir e disciplinar determinado tributo em particular depende da *competência material* definida pela Constituição. A competência para instituir e cobrar determinada taxa ou contribuição de melhoria depende de qual o ente político com atribuição para a realização da obra pública ou para o exercício do poder de polícia ou da prestação de serviço público específico e divisível, ou seja, a unidade federada que realiza o serviço público e a obra será a titular da exação. Nesses termos, somente é possível determinar qual é o ente competente para tributar nessas três hipóteses após desvendar-se a quem a Constituição conferiu a atribuição para prestar o *serviço público específico*, exercer o *poder de polícia*, realizar a *obra pública* ou, ainda, estabelecer a qual ente político se *vincula o servidor público* cuja contribuição previdenciária se exige. Dessa forma, por exemplo, a taxa de incêndio é de competência dos estados enquanto a taxa de lixo é de titularidade dos municípios, haja vista as respectivas atribuições materiais. Em suma, o ente político competente para instituir, cobrar e arrecadar a taxa, a contribuição de melhoria e a contribuição previdenciária sobre o servidor público será aquela unidade federada à qual se conecta a situação ensejadora da tributação, podendo ser, alternativamente, a União, o estado, o Distrito Federal ou o município.

[192] A competência privativa se desdobra em ordinária e extraordinária, e esta somente a União possui, nos termos do art. 154, II, da CRFB/1988, que assim dispõe: "Art.

possui a atribuição para criar determinado tributo: por exemplo, cabe à União criar o imposto sobre exportação (ver art. 153, inciso II, da CRBF/1988); cada estado tem a prerrogativa de instituir o ITCMD (cf. art. 155, inciso I, da CRBF/1988), aos municípios incumbe o dever institucional relativo ao IPTU (nos termos do art. 156, inciso I, da CRBF/1988); e 3) a *competência residual*, que é conferida à União para instituir outros impostos, além daqueles expressamente descriminados na Constituição.

Ensina Luciano Amaro,[193] no tocante à competência privativa da União, em sua vertente extraordinária, que "o critério de partilha de situações materiais para a criação de impostos é afastado em caso de guerra ou sua iminência, pois, dada a excepcionalidade dessas situações, atribui-se à União competência para criar impostos extraordinários". Ainda, segundo o autor, a Constituição de 1988, nesse caso, permitiu à União instituir impostos cujas situações materiais estão fora da moldura de sua competência tributária; ou seja, a União para criar impostos extraordinários "não fica adstrita às situações materiais a ela normalmente atribuídas (nomeada ou residualmente), podendo, além dessas, tributar aquelas inseridas, ordinariamente, na competência dos Estados ou dos Municípios (por exemplo, a circulação de mercadorias ou serviços de qualquer natureza)".

Ainda, com relação à competência privativa extraordinária da União, pertinente é a observação feita por Paulo de Barros Carvalho:[194] "[...] convém esclarecer, todavia, que por guerra

---

154. A União poderá instituir: II. na iminência ou no caso de guerra externa, impostos extraordinários, compreendidos ou não em sua competência tributária, os quais serão suprimidos, gradativamente, cessadas as causas de sua criação".
[193] AMARO, Luciano. *Direito tributário brasileiro*, 2005, op. cit., p. 97-98.
[194] CARVALHO, Paulo de Barros. Competência residual e extraordinária. In: MARTINS, Ives Gandra da Silva (Coord.). *Curso de direito tributário*. 10. ed. rev. e atual. São Paulo: Saraiva, 2008. p. 707-709.

externa haveremos de entender aquela de que participe o Brasil, diretamente, ou a situação de beligerância internacional que provoque detrimentos ao equilíbrio econômico-social brasileiro". Na linha de intelecção do mencionado autor, a União pode lançar mão da competência extraordinária, desde que cumpridos os requisitos esculpidos no art. 154, inciso II, da CRBF/1988, ou seja, em casos de guerra ou de sua iminência, nos quais o Brasil busca a defesa de seus interesses nacionais.

Apenas para fins didáticos, vejamos graficamente as mencionadas classificações:

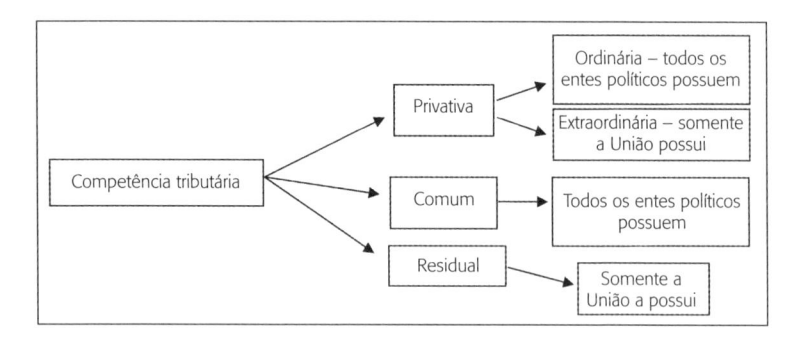

```
                              ┌─> Privativa ─┬─> Ordinária – todos os entes políticos possuem
                              │              └─> Extraordinária – somente a União possui
Competência tributária ──────┼─> Comum ────> Todos os entes políticos possuem
                              └─> Residual ──> Somente a União a possui
```

Ao lado das *receitas não tributárias* e do *sistema de partilha de recursos tributários*, que formam o complexo mecanismo de financiamento federado, o sistema constitucional de repartição de competências materiais e legislativas consubstancia o núcleo central do federalismo, pois delimita e configura o perfil da autonomia constitucional de cada regime, sendo certo que o grau de independência financeira das unidades subnacionais determina o grau de autonomia da federação.

De fato, não há que se falar em federalismo sem a autonomia financeira, já que essa é um dos elementos nucleares do regime, podendo, no entanto, efetivar-se de diversas formas e com diferentes níveis de descentralização, especialmente pelo fato de que os recursos financeiros disponíveis para cada unidade federada realizar os seus gastos — e cumprir os encargos constitucionalmente designados — correspondem ao conjunto:

(1) do somatório das receitas obtidas por unidade política no exercício das respectivas competências tributárias,[195] das receitas decorrentes da exploração do seu patrimônio, da exploração de atividades econômicas (comércio, agropecuária, indústria e serviços), das operações de crédito, da alienação de bens, do recebimento de amortização de empréstimos concedidos e ainda do superávit do orçamento corrente etc.;

(2) da parcela decorrente do sistema de repartição de receitas e de transferências intergovernamentais na federação, que podem ser voluntárias ou obrigatórias.

Necessário destacar que é ampla a extensão do debate acerca da repartição de receitas tributárias entre os entes federativos, tendo como casos paradigmáticos de discussão, entre outros, a "Guerra Fiscal" entre os estados, relativamente ao ICMS (imposto sobre operações relativas à circulação de mercadoria e serviços),[196] e, ainda, a questão das participações ou compensações financeiras decorrentes da exploração de petróleo e gás natural, que devem ser pagas ao estados e municípios produtores.[197]

Destaca-se que a orientação pacificada no STF, que os benefícios fiscais concedidos unilateralmente sem a aprovação do Confaz são inconstitucionais, conforme o ADI 2345/SC.[198]

---

[195] VELLOSO, Carlos Mário da Silva. "Estado Federal e estados federados na Constituição brasileira de 1988: do equilíbrio federativo", 1993, op. cit., p. 49-50, 1993. O ministro destaca a necessidade de um sistema constitucional de discriminação de rendas, compreendendo a repartição de competência tributária e a distribuição de receita tributária.
[196] BRASIL. Constituição da República Federativa do Brasil de 1988. Art. 155, II.
[197] BRASIL. Constituição da República Federativa do Brasil de 1988. Art. 20, §1º.
[198] BRASIL. Supremo Tribunal Federal. ADI nº 2345/SC. Plenário. Relator: ministro Cezar Peluso. Brasília, 30 de junho de 2011. Por ofensa ao art. 155, §2º, XII, g, da CF — que exige, relativamente ao ICMS, a celebração de convênio entre os Estados-membros e o Distrito Federal para a concessão de isenções, incentivos e benefícios fiscais —, o Plenário julgou procedente pedido formulado em ação direta, proposta pelo Governador

E, por isso, imperioso trazer à baila a discussão travada no STF, referente à proposta de Súmula Vinculante 69,[199] cuja redação reitera e uniformiza como inconstitucional a concessão, sem prévia aprovação em convênio celebrado no âmbito do Confaz, de qualquer benefício fiscal em matéria de ICMS, nos termos exigidos pela Lei Complementar nº 24/1975,[200] a qual disciplina o disposto na alínea "g" do inciso XII do §2º do art. 155 da CRBF/1988.

Já no que se refere ao âmbito das participações ou compensações financeiras decorrentes da exploração de petróleo e gás natural, conhecidamente identificada pela questão dos "*royalties* do petróleo", importante ressaltar que a questão em tela perpassa por todo o debate o princípio federativo, conforme parecer de Luis Roberto Barroso:

> [...] — o art. 20, §1º em conjunto com o art. 155, §2º, X, b, também da Constituição, segundo qual o ICMS incidente sobre a aquisição de petróleo é devido ao Estado de destino e não ao de origem, como se passa com quase todos os bens. Os royalties compensam a perda da receita tributária dos Estados produtores; [...] *e viola a lealdade que se devem mutuamente os entes federativos a supressão de receita que compromete a autonomia financeira de Estados da Federação, pela mudança arbitrária das regras do jogo.* A competência legislativa que o

---

do Estado de Santa Catarina, para declarar a inconstitucionalidade da Lei 11.393/2000, daquele ente da Federação. A norma adversada cancelou notificações fiscais emitidas com base na declaração de informações econômico-fiscais — DIEF, ano base de 1998 e determinou a restituição dos valores eventualmente recolhidos. Disponível em: <www.stf.jus.br>. Acesso em: 30 jan. 2013.

[199] BRASIL. Supremo Tribunal Federal. Proposta de Verbete: Qualquer isenção, incentivo, redução de alíquota ou de base de cálculo, crédito presumido, dispensa de pagamento ou outro benefício fiscal relativo ao ICMS, concedido sem prévia aprovação em convênio celebrado no âmbito do CONFAZ, é inconstitucional. Brasília, 12 abr. 2012. Disponível em: <www.stf.jus.br>. Acesso em: 30 jan. 2013.

[200] BRASIL. Lei Complementar nº 24, de 7 de janeiro de 1975.

art. 21, §1º dá à União para regular as participações e compensações financeiras decorrentes da exploração do petróleo não a autoriza a deturpar o sentido e o alcance da norma constitucional regulamentada, substituindo o critério nela previsto — o do impacto sobre os Estados produtores — por um critério redistributivista.[201]

2. Imunidade recíproca

A Constituição da República Federativa do Brasil de 1988, em seu art. 150, inciso VI, alínea "a", contempla a imunidade recíproca entre os entes políticos (União, estados, Distrito Federal e municípios), o que significa dizer que tais pessoas jurídicas de direito público não podem cobrar impostos sobre o patrimônio, a renda ou serviços uns dos outros. Por exemplo, a União não pode cobrar ITR de algum bem do município localizado em área rural; o município não pode cobrar IPTU de imóvel do estado ou da União localizado em sua jurisdição administrativa.

A imunidade recíproca é uma das modalidades subjetivas do instituto, isto é, ela decorre da especial condição das pessoas jurídicas de direito público, as quais encontram sua razão existencial no desempenho das funções essenciais do Estado.

Preleciona Ricardo Lobo Torres[202] que o instituto da imunidade recíproca é uma construção jurisprudencial da Suprema Corte americana, tendo como marco o caso McCulloch v. Maryland, em 1819, cujo relator foi o ministro Marshall. Na ocasião, a referida Corte de Justiça decidiu que não poderia incidir impostos estaduais sobre instituição financeira da União. Tal tese

---

[201] BARROSO, Luís Roberto. Federalismo, isonomia e segurança jurídica: inconstitucionalidade das alterações na distribuição de royalties do petróleo. *Revista de Direito da Procuradoria Geral do Estado do Rio de Janeiro*, Rio de Janeiro, p. 30, 2010.
[202] TORRES, Ricardo Lobo. *Curso de direito financeiro e tributário*, 2004, op. cit., p. 70-71.

repercutiu no Brasil, o que já se podia verificar na Constituição de 1891, em especial pelas mãos de Rui Barbosa.

Segundo Ricardo Lobo Torres,[203] a *ratio essendi* da imunidade recíproca é a liberdade, e explica:

> Os Entes Políticos não são imunes por insuficiência de capacidade contributiva ou pela inutilidade das incidências mútuas, senão que gozam da proteção constitucional em homenagem aos direitos fundamentais dos cidadãos, que seriam feridos com o enfraquecimento do federalismo e da separação vertical dos poderes do Estado.

Como se pode verificar, o estudioso fundamenta a imunidade recíproca na proteção dos direitos humanos, o que não discrepa da sua concepção de imunidade. Ainda, vincula tais direitos ao federalismo, nossa forma de Estado, sustentada na separação de poderes, na repartição da carga tributária e das prestações de serviços públicos.[204]

Também Luciano Amaro[205] fundamenta a imunidade recíproca na proteção do sistema federativo. Nesse sentido, sustenta que a norma imunizante alcança apenas "o patrimônio, a renda e os serviços dos entes da federação o que não impede a incidência de impostos indiretos, como o IPI e o ICMS".[206]

---

[203] Ibid., p. 71.

[204] A título de exemplo: a CRFB/1988, em seu art. 23, que trata da competência comum da União, dos estados, do DF, e dos municípios, proclama a responsabilidade de todos os mencionados entes políticos o cuidado com a saúde e a assistência pública, da proteção e garantia das pessoas portadoras de deficiência.

[205] AMARO, Luciano. *Direito tributário brasileiro*, 2005, op. cit., p. 153-154.

[206] A regra da incidência dos tributos indiretos comporta exceções, conforme já se pronunciou o STF, por exemplo, no julgado RE nº 242.827, no qual entendeu que cabia a extensão da imunidade recíproca para afastar a imposição da cobrança de ICMS sobre atividade agroindustrial realizada pelo Incra. BRASIL. Supremo Tribunal Federal. RE nº 242.827-PE. Primeira Turma. Relator: ministro Menezes Direito. Brasília, 2 de setembro de 2008. Disponível em: <www.stf.jus.br>. Acesso em: 16 fev. 2012. Dispõe

Ainda, nessa linha de preleção, Paulo de Barros Carvalho[207] sustenta que a imunidade recíproca, prevista no art. 150, inciso VI, alínea a, da Carta de 1988, é "uma decorrência pronta e imediata do postulado da isonomia dos entes constitucionais, sustentado pela estrutura federativa do Estado brasileiro e pela autonomia dos Municípios".

Oportuno trazer também a contribuição de Regina Helena Costa[208] sobre a imunidade recíproca, que fundamenta o instituto a partir de duas perspectivas: a uma, do princípio federativo (elencado no rol das denominadas cláusulas pétreas, art. 60, §4º, inciso I, da CRBF/1988) e da autonomia dos municípios; e, a duas, diferentemente da tese sustentada por Lobo Torres referida, se justifica em razão da ausência da capacidade contributiva das pessoas políticas, porquanto seus recursos já estariam comprometidos com os serviços públicos que lhes são inerentes.

Saliente-se que a imunidade recíproca não abarca as hipóteses em que a exploração das atividades tem caráter econômico, consoante se extrai do art. 150, §3º, da Constituição de 1988, porquanto não se evidencia aí o fundamento básico do instituto da imunidade, que é a garantia da efetiva prestação dos serviços públicos.

---

a ementa do acórdão: "Imunidade tributária. Exploração de unidade agroindustrial. Ausência de configuração de atividade econômica capaz de impor o regime tributário próprio das empresas privadas. 1. A atividade exercida pelo Incra, autarquia federal, não se enquadra entre aquelas sujeitas ao regime tributário próprio das empresas privadas, considerando que a eventual exploração de unidade agroindustrial, desapropriada, em área de conflito social, está no âmbito de sua destinação social em setor relevante para a vida nacional. 2. A imunidade tributária só deixa de operar quando a natureza jurídica da entidade estatal é de exploração de atividade econômica. 3. Recurso extraordinário conhecido e provido".

[207] CARVALHO, Paulo de Barros. *Curso de direito tributário*. 20. ed. São Paulo: Saraiva, 2008. p. 206.

[208] COSTA, Regina Helena. *Curso de direito tributário*: Constituição e Código Tributário Nacional. São Paulo: Saraiva, 2009. p. 84-85. Para a autora em tela, a imunidade recíproca estende-se também aos impostos indiretos, como é o caso do IPI e ICMS, com vistas à proteção do patrimônio dos entes políticos.

Conforme será examinado, o véu imunizatório recíproco encobre também as respectivas autarquias e fundações desses entes, qualificando-se a hipótese, entretanto, como uma imunidade extensiva condicionada, na medida em que se restringe ao patrimônio, à renda e aos serviços, vinculados às suas finalidades essenciais ou às delas decorrentes, limitação inexistente em relação aos próprios entes políticos. Assim, caso a União, por exemplo, utilize um imóvel para o lazer de seus servidores públicos, e não para a prestação dos serviços públicos diretamente aos cidadãos, ainda assim persistirá a imunidade, ao contrário do que ocorre com as autarquias e fundações.

2.1 O véu da imunidade recíproca ou mútua sobre as autarquias dos entes políticos

Para que se possa melhor compreender a razão pela qual o legislador constituinte estendeu a imunidade recíproca às autarquias e fundações dos entes políticos, nos termos do art. 150, §2º, da CRBF/1988, cabe, ainda que de forma sucinta, examinar alguns aspectos dessas entidades da administração indireta (matéria afeta à disciplina de direito administrativo, porém conexa com o tema aqui abordado).

A estrutura administrativa do Estado é dividida em administração direta e, pelo critério da descentralização, em administração indireta; desta integram as autarquias, as fundações públicas, as empresas públicas, as sociedades de economia mista e outras empresas controladas.

Segundo lições de José Cretella Junior,[209] a expressão "autarquia" compreende duas palavras: *autós* (que significa

---

[209] CRETELLA JR., José. *Administração indireta brasileira*. Rio de Janeiro: Forense, 1980. p. 139.

próprio) e *arqui* (traduzida nas expressões comando, governo, direção). Tal expressão teria sua origem na Itália, utilizada por Santi Romano, em 1897, ocasião em que escreveu sobre o tema da descentralização administrativa. No Brasil, ensina Maria Sylvia Zanella di Pietro,[210] já existiam autarquias mesmo antes do desenvolvimento de seu conceito. O primeiro diploma legal a tratar do conceito desta entidade foi o Decreto-Lei nº 6.016/1943, o qual a definia como "serviço estatal descentralizado, com personalidade de direito público, explícita ou implicitamente reconhecida por lei". Hoje seu conceito legal está no Decreto-Lei nº 200/1967, em seu art. 5º, inciso I, que dispõe, *in verbis*: "serviço autônomo, criado por lei, com personalidade jurídica, patrimônio e receita própria, para executar atividades típicas da Administração Pública, que requeiram, para seu melhor funcionamento, gestão administrativa e financeira descentralizada".

Em síntese, as autarquias são criadas por lei, nos termos do art. 37, inciso XIX, da CRBF/1988, com vistas a desempenhar atividades típicas de Estado, as quais a administração direta delega, dentro do processo de descentralização administrativa. Elas funcionam como um braço da administração central, por isso detêm as mesmas prerrogativas daquela, como: as imunidades tributárias (art. 150, §2º, da CRBF/1988); o duplo grau de jurisdição (art. 475, do CPC); prazo em quádruplo para contestar e em dobro para recorrer (art. 188, do CPC); e foro privativo (art. 109, inciso I, da CRBF/1988).

Nesse cenário, a imunidade recíproca das autarquias se justifica em razão de suas finalidades essenciais de interesse público.

---

[210] DI PIETRO, Maria Sylvia Zanella. *Direito administrativo*. 16. ed. São Paulo: Atlas, 2003. p. 366-367.

2.2 A extensão da imunidade recíproca ou mútua sobre as fundações públicas dos entes políticos

A base constitucional desta prerrogativa encontra-se também no art. 150, §2º, da Carta de 1988.

Assim como as autarquias, a criação das fundações públicas obedece a critérios finalísticos de interesse público, cuja atividade a ser desenvolvida depende de uma série de fatores, os quais impõem certos atributos implicando a necessária criação de uma entidade específica. Ao contrário, no entanto, das autarquias, que são criadas por lei, as fundações são, a seu turno, autorizadas por lei específica, assim como o são as empresas públicas e as sociedades de economia mista, *ex vi* do art. 37, inciso XIX, da CRBF/1988.

O Decreto-Lei nº 200/1967,[211] em seu art. 5º, inciso IV, define as fundações públicas como pessoas jurídicas de direito privado sem fins lucrativos. O Código Civil de 2002, por sua vez, em seu art. 41, elenca as pessoas jurídicas de direito público interno, e não há previsão expressa da figura das fundações no referido rol, mas pode-se extraí-la do disposto no inciso V, do indigitado artigo, que dispõe: "as demais entidades de caráter público criadas por lei". Dito de outra forma: nada impede de o poder público, por meio de lei específica, dar personalidade jurídica de direito público a uma fundação pública, que, em regra, conforme expresso no Decreto-Lei nº 200/1967, teria personalidade jurídica de direito privado.

Ressalte-se, entretanto, que a Constituição de 1988, em seu art. 150, §2º, quando estende às fundações o véu imunizante, não faz distinção entre fundação pública com personalidade jurídica de direito público daquela de direito privado. A única

---

[211] Inciso inserido pela BRASIL. Lei nº 5.172, de 25 de outubro de 1966.

exigência estabelecida é que o patrimônio, a renda e os serviços da entidade beneficiada com a norma imunizatória estejam atrelados às suas finalidades essenciais ou às delas decorrentes.

2.3 As empresas públicas e as sociedades de economia mista prestadoras de serviço público de prestação obrigatória e exclusiva do Estado e a imunidade recíproca

Dispõe o §3º do art. 150 da CRBF/1988 que a denominada imunidade recíproca não se aplica ao patrimônio, à renda e aos serviços, relacionados com exploração de atividades econômicas regidas pelas normas aplicáveis a empreendimentos privados, ou em que haja contraprestação ou pagamento de preços ou tarifas pelo usuário, nem exonera o promitente comprador da obrigação de pagar imposto relativamente ao bem imóvel. Nessa linha, estabelece o §1º do art. 173 da CRBF/1988 que a lei estabelecerá o estatuto jurídico da empresa pública, da sociedade de economia mista e de suas subsidiárias que explorem atividade econômica de produção ou comercialização de bens ou de prestação de serviços, determinando que elas se sujeitam ao regime jurídico próprio das empresas privadas, inclusive quanto aos direitos e obrigações civis, comerciais, trabalhistas e tributários. Na mesma toada, dispõe o §2º do mesmo art. 173 que as empresas públicas e as sociedades de economia mista não poderão gozar de privilégios fiscais não extensivos às do setor privado.

O STF, em sede de recurso extraordinário, RE nº 407.099,[212] se manifestou no sentido da possibilidade de extensão da imuni-

---

[212] BRASIL. Supremo Tribunal Federal. RE nº 407.099-RS. Segunda Turma. Relator: ministro Carlos Velloso. Brasília, 22 de junho de 2004. Disponível em: <www.stf.jus.br>. Acesso em: 13 fev. 2012. Decisão: "EMENTA: CONSTITUCIONAL. TRIBUTÁRIO. EMPRESA BRASILEIRA DE CORREIOS E TELÉGRAFOS: IMUNIDADE TRIBUTÁRIA RECÍPROCA: C.F., art. 150, VI, a. EMPRESA PÚBLICA QUE EXERCE ATIVIDADE ECONÔMICA E EMPRESA PÚBLICA PRESTADORA DE SERVIÇO PÚBLICO: DISTINÇÃO. I. — As empresas públicas prestadoras de serviço público distinguem-se

dade recíproca quando as atividades daquelas pessoas jurídicas estiverem vinculadas à prestação de serviço público obrigatória e exclusiva do poder público, o que se diferencia, de acordo com a lógica do Supremo, daquelas que exploram atividades econômicas regidas pelas normas aplicáveis a empreendimentos privados, ou em que haja contraprestação ou pagamento de preços ou tarifas pelo usuário. Pode-se trazer como exemplos: a Empresa de Correios e Telégrafos (ECT) e a Companhia de Águas e Esgotos de Rondônia (Caerd).

Contudo, imperioso ressaltar que tal entendimento foi mitigado por meio da decisão proferida no Recurso Extraordinário RE nº 601.392,[213] que teve sua repercussão geral reconhecida pelo Supremo Tribunal. O STF, ao conhecer e prover o respectivo Recurso Extraordinário, entendeu que o exercício simultâneo de atividades em regime de monopólio e em concorrência com a iniciativa privada pela ECT é irrelevante, tendo em vista a existência de peculiaridades na prestação do serviço postal.

Nesse sentido, ainda que a ECT pratique atividades em regime de concorrência com a iniciativa privada, estaria abrangida pela imunidade recíproca, em face do caráter essencial dos serviços em regime de monopólio prestados por ela, subsidiados

---

das que exercem atividade econômica. A Empresa Brasileira de Correios e Telégrafos é prestadora de serviço público de prestação obrigatória e exclusiva do Estado, motivo por que está abrangida pela imunidade tributária recíproca: C.F., art. 150, VI, a. II. — R.E. conhecido em parte e, nessa parte, provido".

[213] BRASIL. Supremo Tribunal Federal. RE nº 601.392. Relator: ministro Joaquim Barbosa. Brasília. Disponível em: <www.stf.jus.br>. Acesso em: 8 jan. 2014. "RECURSO EXTRAORDINÁRIO COM REPERCUSSÃO GERAL. 2. IMUNIDADE RECÍPROCA. EMPRESA BRASILEIRA DE CORREIOS E TELÉGRAFOS. 3. DISTINÇÃO, PARA FINS DE TRATAMENTO NORMATIVO, ENTRE EMPRESAS PÚBLICAS PRESTADORAS DE SERVIÇO PÚBLICO E EMPRESAS PÚBLICAS EXPLORADORAS DE ATIVIDADE. PRECEDENTES. 4. EXERCÍCIO SIMULTÂNEO DE ATIVIDADES EM REGIME DE EXCLUSIVIDADE E EM CONCORRÊNCIA COM A INICIATIVA PRIVADA. IRRELEVÂNCIA. EXISTÊNCIA DE PECULIARIDADES NO SERVIÇO POSTAL. INCIDÊNCIA DA IMUNIDADE PREVISTA NO ART. 150, VI, "A", DA CONSTITUIÇÃO FEDERAL. 5. RECURSO EXTRAORDINÁRIO CONHECIDO E PROVIDO.

pelo financiamento cruzado dessas atividades, ou seja, a tributação das atividades exercidas em concorrência com a iniciativa privada inviabilizaria a prestação dos serviços exclusivos.

3. Uniformidade geográfica

O princípio da uniformidade geográfica da tributação federal está estampado no inciso I do art. 151 da CRBF/1988, segundo o qual é vedado à União

> instituir tributo que não seja uniforme em todo o território nacional ou que implique distinção ou preferência em relação a Estado, ao Distrito Federal ou a Município, em detrimento de outro, admitida a concessão de incentivos fiscais destinados a promover o equilíbrio do desenvolvimento socioeconômico entre as diferentes regiões do País.

Nesse sentido, a título ilustrativo, vale lembrar o caso do imposto incidente sobre a renda, tributo de competência da União cuja incidência e a carga tributária dos residentes e domiciliados nas regiões sul e sudeste do Brasil, como regra geral, deve ser a mesma daqueles contribuintes com idêntica capacidade econômica localizados nas regiões Norte, Centro-Oeste ou Nordeste do país.

Sem dúvida, esse princípio da uniformidade geográfica em relação aos tributos federais decorre da isonomia como igualdade formal, prevista expressamente no art. 150, inciso II, da CRBF/1988,[214] razão pela qual, à primeira vista, parece pos-

---

[214] Dispõe o art. 150, II, da CRFB/1988: "Art. 150. Sem prejuízo de outras garantias asseguradas ao contribuinte, é vedado à União, aos Estados, ao Distrito Federal e aos Municípios: I- [...]; II — instituir tratamento desigual entre contribuintes que se encontrem em situação equivalente, proibida qualquer distinção em razão de ocupação profissional ou função por eles exercida, independentemente da denominação jurídica dos rendimentos, títulos ou direitos".

sível sustentar a dispensabilidade dessa previsão constitucional adicional. No entanto, a parte final do dispositivo apresenta importante ressalva, no sentido da possibilidade de a União adotar incentivos fiscais destinados a promover o equilíbrio do desenvolvimento socioeconômico entre as diferentes regiões do país, o que confere caráter interventivo na ordem econômica e social por meio da adoção de tratamento tributário diferenciado — uma das projeções da denominada extrafiscalidade, que adota como fundamento para o discrime dos tributos federais as distinções sociais e econômicas entre as diversas regiões do país. A aplicabilidade do princípio da igualdade material nesse caso, que autoriza o tratamento distintivo, se coaduna com os objetivos da República Federativa do Brasil fixados no art. 3º da CRBF/1988, dentro dos quais se inclui aquele relacionado à redução das desigualdades sociais e regionais. Com esse objetivo, o constituinte originário, ao editar o art. 40 dos Atos das Disposições Constitucionais Transitórias (ADCT), manteve expressamente a Zona Franca de Manaus, com as suas características anteriormente existentes de área de livre-comércio, de exportação e importação, e de incentivos fiscais pelo prazo de 25 anos, a partir da promulgação da Constituição. Posteriormente, o constituinte derivado, ao introduzir o art. 97 ao mesmo ADCT, pela Emenda Constitucional nº 42/2003, acresceu 10 anos ao prazo fixado no citado dispositivo do ADCT. Dessa forma, ressalvada a hipótese de edição de nova emenda constitucional, o tratamento tributário excepcional da Zona Franca de Manaus permanecerá até o ano de 2023.

Conforme se extrai da jurisprudência do STF, consolidada no RE nº 344.331/PR,[215] observados e atendidos os

---

[215] BRASIL. Supremo Tribunal Federal. RE nº 344.331-PR, Primeira Turma. Relator: ministra Ellen Gracie. Brasília, 11 de fevereiro de 2003. Disponível em: <www.stf.jus.br>. Acesso em: 15 mar. 2011. Decisão unânime.

requisitos formais à concessão do benefício e bem assim aos parâmetros da razoabilidade objetiva,[216] podem as autoridades públicas conceder isenções e tratamentos tributários diferenciados, com fundamento no juízo — de conveniência e oportunidade — necessário à implementação das políticas econômicas e fiscais. Importante destacar que nessa decisão o STF fixou entendimento no sentido de que não cabe ao Poder Judiciário estender isenção a contribuinte não contemplado pela lei, tampouco substituir o juízo de conveniência e oportunidade das autoridades públicas relativamente à implementação de políticas fiscais e econômicas, conforme revela a ementa do acórdão:

> 1. Incentivos fiscais concedidos de *forma genérica, impessoal e com fundamento em lei específica*. Atendimento dos requisitos formais para sua implementação. 2. A Constituição na parte final do art. 151, I, admite a "concessão de incentivos fiscais destinados a promover o equilíbrio do desenvolvimento socioeconômico entre as diferentes regiões do país". 3. *A concessão de isenção é ato discricionário, por meio do qual o Poder Executivo, fundado em juízo de conveniência e oportunidade, implementa suas políticas fiscais e econômicas e, portanto, a análise de seu mérito escapa ao controle do Poder Judiciário*. Precedentes: RE 149.659 e AI 138.344-AgR. 4. *Não é possível ao Poder Judiciário estender isenção a contribuintes não contemplados pela lei, a título de isonomia (RE 159.026)*. 5. Recurso extraordinário não conhecido. (Os grifos não são do original)

---

[216] Nesse sentido, ver ADI nº 1634 e ADI nº 1276.

3.1 Demais vedações específicas à União para proteção do pacto federativo

Além do supracitado mandamento constitucional, no sentido da adoção da uniformidade geográfica da tributação federal, o mesmo art. 151 da CRBF/1988 estabelece duas outras garantias visando à proteção do pacto federativo.

No inciso II do dispositivo, o constituinte veda que a União tribute

> a renda das obrigações da dívida pública dos Estados, do Distrito Federal e dos Municípios, bem como a remuneração e os proventos dos respectivos agentes públicos, em níveis superiores aos que fixar para suas obrigações e para seus agentes.

Na mesma linha do que já foi exposto, em relação ao disposto no inciso I, a aplicação do princípio da isonomia também seria suficiente para extrair o tratamento tributário previsto no transcrito inciso II, na medida em que não é admissível que a União estabeleça tratamento diverso à renda auferida em razão da origem da dívida pública ou do ente político ao qual se vincula o servidor público.

Por sua vez, o disposto no inciso III do mesmo art. 151, que proíbe à União "instituir isenções de tributos da competência dos Estados, do Distrito Federal ou dos Municípios", pode ser mais bem compreendido se examinado em contraposição ao regime jurídico-constitucional anterior. Nesse sentido, importante salientar o disposto no §2º do art. 19 da Constituição de 1967, com sua redação conferida pela Emenda Constitucional nº 1, de 17 de outubro de 1969, o qual estabelece *in verbis*: "[...] a União, mediante lei complementar e atendendo a relevante interesse social ou econômico nacional, *poderá* conceder isenções de impostos estaduais e municipais". (Os grifos não são do original)

A doutrina qualifica essa situação autorizada pela Carta anterior como hipótese de *isenção heterônoma*, na medida em que o ato que concede o benefício não é do ente competente para exigir o tributo. Em sentido diverso, corolário do poder de tributar, as isenções concedidas pelo próprio ente constitucionalmente competente para instituir o tributo denominam-se de *isenção autônoma* (ou autonômica). Portanto, sob a égide da Constituição de 1967/1969, permitia-se à União conceder isenções de impostos cuja competência não lhe pertencia, uma afronta à autonomia financeira dos estados, do Distrito Federal e dos municípios.

Em sentido diametralmente oposto, o transcrito inciso III do artigo 151 da CRFB/1988, conforme já destacado, veda de forma absoluta a possibilidade de isenção heterônoma concedida pela União relativamente aos tributos dos entes políticos subnacionais. Em consonância com essa limitação ao poder de tributar da União, os Atos das Disposições Constitucionais Transitórias (ADCT) da atual Constituição, ratificando a preocupação do constituinte originário com a autonomia financeira dos estados, do Distrito Federal e dos municípios, consagrada, em especial, nos arts. 1º, 18 e 60, §4º, inciso I, da CRBF/1988, determina em seu art. 41:

> Art. 41. Os Poderes Executivos da União, dos Estados, do Distrito Federal e dos Municípios reavaliarão todos os incentivos fiscais de natureza setorial ora em vigor, propondo aos *Poderes Legislativos respectivos* as medidas cabíveis.
>
> §1º — Considerar-se-ão revogados após dois anos, a partir da data da promulgação da Constituição, os incentivos que não forem confirmados *por lei*.
>
> §2º — A revogação não prejudicará os direitos que já tiverem sido adquiridos, àquela data, em relação a *incentivos concedidos sob condição e com prazo certo.*

§3º — Os incentivos *concedidos por convênio* entre Estados, celebrados nos termos do art. 23, §6º, da Constituição de 1967, com a redação da Emenda Constitucional nº 1, de 17 de outubro de 1969, *também* deverão ser reavaliados e reconfirmados *nos prazos*[217] deste artigo.

Nesse sentido, a interpretação conjunta do disposto no inciso III do art. 151 combinado com o disposto no art. 40 do ADCT, ambos da CRFB/1988, revela o objetivo do constituinte originário, no sentido de vedar a intromissão da União na política tributária dos estados, do Distrito Federal e dos municípios, aos quais devem suas prerrogativas impositivas e suas políticas extrafiscais de forma autônoma. De fato, a previsão constitucional protege o pacto federativo, impedindo que ocorra indevida interferência na arrecadação dos entes subnacionais de forma a colocar em risco a autonomia constitucionalmente consagrada.

Em que pese o exposto, o próprio constituinte originário previu duas exceções em que o Congresso Nacional, por meio de

---

[217] Interessante observar que o constituinte originário submeteu a *reavaliação* e a *reconfirmação*, dos convênios concessivos de benefícios e incentivos relacionados ao antigo ICM, apenas ao *prazo* de que trata o artigo. Nesse sentido, parece ter dispensado que a confirmação se realizasse por meio de *ato legislativo no caso do ICMS*, condição fixada para a continuidade dos incentivos dos demais impostos aludidos no §1º do artigo. De fato, não haveria sentido explicitar a regra do imposto estadual em dispositivo específico caso o regime jurídico pretendido fosse exatamente o mesmo dos demais tributos, em especial se for considerado que a redação original do §6º do art. 150 da CRFB/1988, antes da edição da Emenda Constitucional nº 03/1993, não dispunha sobre incentivos e benefícios nem aludia à alínea "g" do inciso XII do §2º do art. 155 da CRFB/1988. Esse entendimento reforça a interpretação no sentido de que a exceção a que alude o citado art. 150, §6º, da CRFB/1988, com a sua redação conferida pela EC nº 03/1993, relativamente ao ICMS, ao utilizar na parte final do dispositivo a expressão "sem prejuízo do disposto no art. 155, §2º, XII, 'g'", excluiria a exigência de lei em caráter formal nas hipóteses disciplinadas em lei complementar a que alude. Nesse sentido, conforme será examinado no módulo pertinente aos tributos incidentes sobre a produção e circulação de bens e serviços, a Lei Complementar nº 24/1975, norma expressamente recepcionada pelo art. 34, §8º, do ADCT da atual Constituição, exige apenas a edição de convênio como a forma de concessão de incentivos e benefícios fiscais relacionados ao ICMS.

lei complementar, excluiria a incidência de impostos dos estados e dos municípios. Dessa forma, excepciona o princípio geral de que o poder de não tributar deve ser exercido pelo mesmo ente político competente para instituir e exigir o tributo.

O art. 156, §3º, inciso II, da CRBF/1988[218] prevê que Lei Complementar expedida pelo Poder Legislativo federal excluirá as "exportações de serviços para o exterior" da incidência do imposto sobre serviços de qualquer natureza (ISS).

Nos mesmos termos, em relação ao ICMS estadual, a alínea "e" do inciso XII do §2º do art. 155 da CRBF/1988, com sua redação conferida pelo constituinte originário, estabelece que cabe à Lei Complementar a ser editada pelo Congresso Nacional afastar a incidência do imposto estadual na hipótese de exportação, nos seguintes termos: "e) excluir da incidência do imposto, nas exportações para o exterior, serviços e outros produtos além dos mencionados no inciso X, 'a'".

Esse dispositivo fazia sentido se considerada a redação original da alínea "a" do inciso X do §2º do art. 155, o qual estabelecia que não incidiria o imposto estadual "sobre operações que destinem ao exterior produtos industrializados, excluídos os semielaborados definidos em lei complementar". Entretanto, a Emenda Constitucional nº 42, de 19 de dezembro de 2003, ao conferir nova redação à citada alínea "a" determinou que o ICMS não incidirá:

> a) sobre operações que destinem mercadorias para o exterior, nem sobre serviços prestados a destinatários no exterior, assegurada a manutenção e o aproveitamento do montante do imposto cobrado nas operações e prestações anteriores.

---

[218] Redação atual do dispositivo conferida pela Emenda Constitucional nº 37, de 12/6/2002.

Dessa forma, tendo em vista a ampliação do campo da não incidência constitucional a partir de 2003, o disposto na citada alínea "e" do inciso XII do §2º do art. 155, nos termos fixados pelo constituinte originário, parece ter perdido seu fundamento ou razão de existir.

Além dessas duas exceções previstas expressamente na própria Constituição, a jurisprudência recente do STF tem sido no sentido de que as isenções previstas em tratados internacionais não se submetem à citada limitação constitucional à concessão de isenção heterônoma. Nesse sentido, o STF, na ADI nº 1.600,[219] considerou que o âmbito de aplicação do citado art. 151 da CRBF/1988 é o das relações das entidades federadas entre si, o que não alcançaria as normas editadas pela União como representante da República Federativa na ordem externa, conforme revela ementa da decisão:

> Constitucional. Tributário. Lei Complementar 87/96. ICMS e sua instituição. arts. 150, II; 155, §2º, VII 'a', e inciso VIII, cf. Conceitos de passageiro e de destinatário do serviço. Fato gerador. Ocorrência. Alíquotas para operações interestaduais e para as operações internas. Inaplicabilidade da fórmula constitucional de partição da receita do ICMS entre os estados. Omissão quanto a elementos necessários à instituição do ICMS sobre navegação aérea. Operações de tráfego aéreo internacional. Transporte aéreo internacional de cargas. Tributação das empresas nacionais. Quanto às empresas estrangeiras, valem os acordos internacionais — reciprocidade. Viagens nacional ou internacional — diferença de tratamento. Ausência de normas de solução de conflitos de competência entre as unidades federadas. *Âmbito de aplicação do art. 151, cf é o das relações das en-*

---

[219] BRASIL. Supremo Tribunal Federal. ADI nº 1600-UF. Pleno. Relator: ministro Sydney Sanches. Brasília, 26 de novembro de 2001. Disponível em: <www.stf.jus.br>. Acesso em: 9 fev. 2011. Decisão por maioria de votos. Conforme se constata na ementa do acórdão, o STF também considerou inválida a exigência na hipótese de transporte **aéreo** internacional de *cargas*.

tidades federadas entre si. Não tem por objeto a União quando esta se apresenta na ordem externa. Não incidência sobre a prestação de serviços de transporte aéreo, de passageiros — intermunicipal, interestadual e internacional. Inconstitucionalidade da exigência do ICMS na prestação de serviços de transporte aéreo internacional de cargas pelas empresas aéreas nacionais, enquanto persistirem os convênios de isenção de empresas estrangeiras. Ação julgada, parcialmente procedente.

De fato, nos termos do art. 21, inciso I, da CRBF/1988, compete à União manter relações com Estados estrangeiros e participar de organizações internacionais. Ao presidente da República foi atribuída a prerrogativa de manter relações com os Estados estrangeiros e acreditar seus representantes diplomáticos (art. 84, inciso VII) e bem assim celebrar tratados, convenções e atos internacionais (art. 84, inciso VIII) em nome da República Federativa do Brasil, isto é, do Estado Federal. Esses atos estão sujeitos a referendo do Congresso Nacional, o qual é realizado com fundamento no art. 84, inciso VIII combinado com o art. 49, inciso I, da Constituição, dispositivo que estabelece competência exclusiva do Congresso Nacional para resolver definitivamente sobre tratados, acordos ou atos internacionais que acarretem encargos ou compromissos gravosos ao patrimônio nacional, o que se realiza, conforme já salientado, por meio de decreto legislativo. Uma vez referendado o tratado ou o acordo internacional pelo ato do parlamento (decreto legislativo), o chefe do Poder Executivo da União, com base no art. 84, inciso IV, da CRFB/1988, edita decreto para ratificar e internalizar a disciplina jurídica fixada nos termos dos atos internacionais. Alberto Xavier[220] ensina que a ratificação expressa nesse caso é

---

[220] XAVIER, Alberto. *Direito tributário internacional do Brasil*. 6. ed. Rio de Janeiro: Forense, 2004. p. 106-107. Por esse motivo, conforme será examinado nas aulas

ato de vontade unilateral indispensável, sendo inadmissível a ratificação tácita:

> [...] ato unilateral pelo qual o Presidente da República, devidamente autorizado pelo Congresso Nacional, confirma um tratado e declara que este deverá produzir os seus devidos efeitos. Constitui pois o ato unilateral com que o sujeito de direito internacional, signatário de um tratado, exprime definitivamente, no plano internacional, sua vontade de obrigar-se. Caracterizado pela liberdade que o Poder Executivo tem quanto à opção de praticá-lo ou não, o ato de ratificação *deve ser expresso* e tem caráter formal, tomando a forma externa de instrumento de ratificação, assinado pelo Presidente da República e referendado pelo Ministro das Relações Exteriores.

O Código Tributário Nacional (Lei nº 5.172/1966) inclui os tratados e as convenções internacionais no âmbito da denominada *legislação tributária*, o que pode suscitar dúvidas quanto à eficácia da norma impositiva interna antecedente ou superveniente à edição do ato internacional. Isso ocorre porque o ato internacional não cria tributo nem impõe obrigação adicional além daquela já fixada internamente, tendo em vista que seu objetivo precípuo, ao lado da disciplina das trocas de informações e de solução de disputas e controvérsia entre os fiscos e os contribuintes de países signatários diversos, é evitar a dupla ou a múltipla tributação. A minimização da possibilidade de várias incidências sobre o mesmo fato econômico envolvendo mais de uma jurisdição fiscal em âmbito internacional pode ser operacionalizada por meio de diversos mecanismos, tais como

---

pertinentes ao ICMS, não é possível a analogia entre a **ratificação** dos atos internacionais com aquela referida na Lei Complementar nº 24/1975, que disciplina a concessão de incentivos e benefícios do ICMS por meio de convênio.

a isenção, a concessão de deduções ou o crédito pelo imposto pago no outro país signatário do acordo etc.

O tributarista Luciano Amaro,[221] utilizando os critérios clássicos de solução de antinomias (temporariedade, hierarquia e especialidade), sustenta interessante tese sobre a solução de possível conflito entre os tratados e as normas internas dos países signatários. Considerando que, em regra, a sua disciplina é específica relativamente à matéria a que alude, seria a norma convencional sempre aplicável. Dito de outra forma, em face do critério da especialidade, a disciplina fixada no tratado prevalece, seja este anterior ou posterior à lei, tendo em vista seu caráter e natureza especial.

No entanto, o critério da especialidade não parece ser suficiente para solucionar o possível conflito na hipótese em que uma lei interna posterior trate expressamente de forma diversa a mesma situação disciplinada no tratado. Isto é, se for editada uma lei interna específica, após o início da produção dos efeitos do tratado, dispondo sobre a mesma matéria em termos distintos ou opostos, os critérios clássicos de resolução de antinomias indicam no sentido da prevalência da lei interna superveniente, o que implicaria descumprimento do acordo internacional, pelo menos no âmbito externo.

Nesse contexto, importante apresentar o art. 98 do CTN, o qual estabelece *in verbis:* "Art. 98. Os tratados e as convenções internacionais revogam ou modificam a legislação tributária interna, e serão observados pela que lhes sobrevenha".

A interpretação desse dispositivo do CTN é objeto de muita controvérsia na doutrina e na jurisprudência, havendo, entretanto, decisão do STF em recurso extraordinário,[222] no

---

[221] AMARO, Luciano. *Direito tributário brasileiro*. 16. ed. São Paulo: Saraiva, 2010. p. 202-212.
[222] BRASIL. Supremo Tribunal Federal. RE nº 229.096-RS. Pleno. Relator: ministro

sentido de que "o artigo 98 do Código Tributário Nacional possui caráter nacional, com eficácia para a União, os Estados e os Municípios". Nesse sentido, o STF consagra que o monopólio da personalidade internacional é do Estado Federal, expressão institucional da comunidade jurídica total, que não se confunde com a União como ente político autônomo e pessoa jurídica de direito público interno.

4. Não discriminação: origem/destino

A origem histórica do princípio da não discriminação em razão da procedência ou destino é remota, pois já na Carta Magna inglesa de 1215, momento em que a legalidade ascendeu como princípio norteador das relações tributárias, impondo ao rei João Sem-Terra o dever de observar limites para a criação de tributos, também se extrai o princípio da livre circulação das mercadorias, conforme revela Charles Adams[223] ao transcrever a previsão:

> *Let all merchants have safety and security to go out of England, to come into England, and to remain in and go about through England, as well by land as by water, for the purpose of buying and selling, without payment of any evil or injust tolls, on payment of ancient and just customs.*

Conforme aponta o mesmo autor,[224] referida normativa foi seguida pelos Estados Unidos e Canadá:

> *[...] the United States and Canadian constitutions adopted this principle of internal free trade. Commerce moving within the nation*

Ilmar Galvão. Brasília, 16 de agosto de 2007. Disponível em: <www.stf.jus.br>. Acesso em: 1º mar. 2011.
[223] ADAMS, Charles. *For good and evil*: the impact of taxes on the course of civilization. 2. ed. United States: Madison Books, 2001. p. 164.
[224] Ibid.

cannot be taxed. Freedom to travel in and out the country cannot be curtailed. The Russians find difficult to understand why the West emphasizes this basic human right. Magna Carta is the source.

No caso brasileiro atual, o art. 152 da CRBF/1988 consagra o princípio da uniformidade da tributação estadual e municipal, independentemente da procedência ou do destino de bens ou serviços, nos seguintes termos: "Art. 152. É vedado aos Estados, ao Distrito Federal e aos Municípios estabelecer diferença tributária entre bens e serviços, de qualquer natureza, em razão de sua procedência ou destino".

Conforme se constata pela leitura do dispositivo, o comando se aplica exclusivamente aos entes políticos subnacionais, razão pela qual os estados, Distrito Federal e municípios não podem utilizar como critério de discrime a origem ou o destino de bens e serviços para conferir tratamento tributário distinto.[225] O princípio protege o pacto federativo na medida em que afasta possível discriminação entre os entes políticos subnacionais.

Em sentido diverso, conforme já examinado, o constituinte estabeleceu a possibilidade de a União conferir tratamento tributário distinto entre os diferentes estados, haja vista a possibilidade de conceder "incentivos fiscais destinados a promover o equilíbrio do desenvolvimento socioeconômico entre as di-

---

[225] A doutrina em geral apresenta o disposto no art. 155, §2º, incisos IV e VIII da CRFB/1988, dispositivos que estabelecem diferenças entre as alíquotas do ICMS incidentes sobre operações internas e interestaduais, como um exemplo de exceção à vedação de tratamento tributário diferenciado. Conforme será examinado nas aulas pertinentes ao ICMS, a aplicação de alíquotas diferenciadas serve apenas como mecanismo escolhido pelo constituinte para alocar maior parcela de receita do imposto nas operações e prestações interestaduais aos estados localizados nas regiões Norte, Nordeste e Centro-Oeste e o Espírito Santo. Ainda, as alíquotas são fixadas pelo Senado da República, razão pela qual a diferenciação foge à decisão unilateral dos entes políticos subnacionais.

ferentes regiões do País", objetivando alcançar os fins traçados no art. 3º da CRBF/1988.

Assim, se por um lado a União pode estabelecer como critério distintivo as diferentes regiões do país para excepcionar a regra geral de tributação no âmbito de sua competência, objetivando o equilíbrio federativo, o constituinte vedou expressamente a adoção de distinções por parte dos entes políticos subnacionais em razão da procedência ou destino de bens e serviços, objetivando proteger o pacto federativo.

Ao contrário do que pode parecer à primeira vista, essa limitação ao poder de tributar imposta aos estados, do Distrito Federal e aos municípios não se aplica somente ao plano interno, isto é, a uniformidade da tributação estadual e municipal se aplica, também, no plano internacional, ou seja, independentemente de a procedência ou de o destino de bens ou serviços ser local (nacional) ou estrangeiro. O princípio tem como objetivo impossibilitar vantagem ou desvantagem econômica comparativa em razão de tratamento tributário distinto.

A cláusula de tratamento nacional prevista no Acordo Geral sobre Tarifas e Comércio (Gatt), do qual o Brasil é signatário, estabelece a equivalência de tratamento tributário entre a mercadoria e o produto importado, a partir do momento em que ingressa no território nacional, e o similar nacional. Nesse sentido, estabelecem as Súmulas 20[226] e 71[227] do STJ:

> *Súmula nº 20* A mercadoria importada de País signatário do GATT é isenta do ICM, quando contemplado com esse favor o similar nacional.

---

[226] *DJ*, 7 dez. 1990, p. 14682; *REPDJ*, 13 dez. 1990, p. 15022; *RSTJ*, v. 16, p. 515; *RT*, v. 662, p. 167.
[227] *DJ*, 4 fev. 1993, p. 775; *RSSTJ*, v. 5, p. 101; *RSTJ*, v. 44, p. 323; *RT*, v. 696, p. 212.

Súmula nº 71 O bacalhau importado de país signatário do GATT é isento do ICM.

Importante destacar que a equivalência em relação ao produto estrangeiro continua a vigorar após a alteração do tratamento tributário conferido ao produto nacional. Nesse sentido, suprimida, por exemplo, a isenção do produto nacional, o similar estrangeiro passa a ser normalmente tributado, conforme revela a ementa do RESP nº 615447:[228]

> 1. Na assentada de 24 de outubro de 2007, a Primeira Seção concluiu que as importações de bacalhau de país signatário do GATT somente estiveram desoneradas do ICMS até 30 de abril de 1999, data em que expiraram as regras do Convênio 60/91 (REsp 302.190/RJ).
> 2. Por consequência, a Súmula 71/STJ aplica-se às importações realizadas até 30 de abril de 1999, enquanto vigoraram as regras do Convênio 60/91.
> 3. No caso, estão isentas do ICMS as importações de bacalhau realizadas pela impetrante até 30 de abril de 1999, sob a vigência do Convênio 60/91, mas não aquelas que se consumaram a partir de 1º de maio de 1999, que deverão ser tributadas pelo imposto.
> 4. Recurso especial provido em parte.

No mesmo sentido é a jurisprudência do STF estampada na Súmula 575, que dispõe *verbis*: "*Súmula nº 575* À mercadoria importada de país signatário do (GATT), ou membro da (ALALC), estende-se a isenção do imposto de circulação de mercadorias concedida a similar nacional".

---

[228] BRASIL. Superior Tribunal de Justiça. Resp nº 615.447-PE. Segunda Turma. Relator: ministro Castro Meira. Brasília, 20 de novembro de 2007. Disponível em: <www.stj.jus.br>. Acesso em: 16 fev. 2012. Decisão unânime.

Por fim, importante destacar que o STF considerou inconstitucional o art. 5º da Lei nº 948/1985 do estado do Rio de Janeiro, norma que estabelecia alíquotas diferenciadas para veículos importados e nacionais, conforme se constata pela leitura da ementa do acórdão no Agravo Regimental no Recurso Extraordinário nº 367785/RJ:[229]

> EMENTA: AGRAVO REGIMENTAL NO RECURSO EXTRAORDINÁRIO. TRIBUTÁRIO. IPVA. VEÍCULO IMPORTADO. ALÍQUOTA DIFERENCIADA. 1. Não se admite a alíquota diferenciada de IPVA para veículos importados e os de procedência nacional. 2. O tratamento desigual significaria uma nova tributação pelo fato gerador da importação. Precedentes. Agravo regimental a que se nega provimento.

Questões de automonitoramento

1. Após ler o material, você é capaz de resumir os casos geradores do capítulo 5, identificando a repartição das competências tributárias, os problemas atinentes e as soluções cabíveis?
2. Resuma em poucas palavras o conceito de imunidades recíprocas.
3. Analise os princípios constitucionais que encampam o perfil do federalismo fiscal no Brasil.
4. Analise a melhor solução de conflitos entre direitos e princípios constitucionais envolvendo a competência tributária.
5. Pense e descreva, mentalmente, alternativas para a solução dos casos geradores do capítulo 5.

---

[229] BRASIL. Supremo Tribunal Federal. RE nº 367785 AgR-RJ. Segunda Turma. Relator: ministro Eros Grau. Brasília, 9 de maio de 2006. Disponível em: <www.stf.jus.br>. Acesso em: 16 fev. 2012. Decisão unânime.

4

Princípio da legalidade

Roteiro de estudo

1. Origem

O princípio da legalidade tributária encontra-se previsto no art. 150, inciso I da Constituição da República Federativa do Brasil/1988 (CRFB/1988),[230] ao passo que a legalidade genérica encontra-se no art. 5º, inciso II, da CRFB/1988.[231]

Diferentemente dos outros princípios, o princípio da legalidade surgiu, inicialmente, no campo tributário e, posteriormente, irradiou-se para os outros campos, estabelecendo que ninguém é obrigado a fazer ou deixar de fazer algo senão em virtude de lei.

---

[230] Constituição da República Federativa do Brasil de 1988: Art. 150. Sem prejuízo de outras garantias asseguradas ao contribuinte, é vedado à União, aos Estados, ao Distrito Federal e aos Municípios: I — exigir ou aumentar tributo sem lei que o estabeleça.
[231] Art. 5º Todos são iguais perante a lei, sem distinção de qualquer natureza, garantindo-se aos brasileiros e aos estrangeiros residentes no País a inviolabilidade do direito à vida, à liberdade, à igualdade, à segurança e à propriedade, nos termos seguintes:
II — ninguém será obrigado a fazer ou deixar de fazer alguma coisa senão em virtude de lei.

Muitos indicam como primeiro reconhecimento do princípio da legalidade o ocorrido na Magna Carta Libertatum (1215), documento inglês no qual se limitaram os poderes do rei João Sem-Terra, uma vez que este se utilizava de seu poder para impor tributação elevada e descabida à população. No mencionado texto constitucional, o art. XII determinava que a tributação somente poderia ser realizada mediante prévia autorização do Conselho de Comuns.

> A origem histórica de tão importante garantia é atribuída à Magna Carta inglesa, de 1215, editada sob João-Sem-Terra. Consagrou-se, então, na expressão no taxation without representation (vedada a tributação sem representação). A lógica subjacente é de que, em tese, somente o povo pode tributar a si mesmo, ou melhor, cabe ao povo eleger os seus representantes para que estes manifestem a vontade dele ("vontade geral"), mediante a edição de leis, instrumentos aptos à instituição de tributos.[232]

Há, no entanto, aqueles que vislumbram uma origem ainda mais antiga para o princípio da legalidade tributária. Victor Uckmar expõe que na Inglaterra o rei, desde o século XI, já arrecadava tributos de seus vassalos com base no direito consuetudinário.[233]

Nessa conjuntura história que foi criada a expressão inglesa *"no taxation without representation"*. Houve também outras duas importantes manifestações na Inglaterra para que se pudesse tributar; foram elas o *Petition of Rights* (1628) e, com o fim da

---

[232] ALEXANDRINO, Marcelo; VICENTE, Paulo. *Direito tributário na Constituição e no STF*. 15. ed. rev. e atual. Rio de Janeiro: Forense; São Paulo: Método, 2009. p. 92.
[233] Para uma melhor compreensão, ver UCKMAR, Victor. *Princípios comuns de direito constitucional tributário*. 2. ed. São Paulo: Malheiros Editores. 1999. p. 21-25.

ditadura de Cromwell e restauração da Monarquia, o *Bill of Rights* (1689).[234]

Alguns anos depois, em 1789, a "Declaração de Direitos" surgiu com a exigência de aprovação, por órgão de representação popular, da criação de impostos.

No Brasil, a legalidade emerge do movimento liberal surgido na França e acaba por ser consagrada na Constituição de 1824, momento em que d. Pedro I atribui à Câmara dos Deputados a competência para dispor acerca do sistema tributário.

Vê-se, portanto, que o objetivo do princípio da legalidade sempre foi o de garantia da autoimposição na cobrança dos tributos, uma vez que os indivíduos só são submetidos à cobrança nos moldes determinados por seus representantes anteriormente eleitos.

2. O princípio da legalidade

De acordo com o art. 150, inciso I, CRBF/1988, os tributos só podem ser instituídos ou majorados por lei (*nullum tributum sine lege*). A utilização da palavra "lei" significa lei em sentido formal, ou seja, aquela norma produzida pelo Poder Legislativo por meio de processo legislativo regular e previamente estabelecido.

Em regra, a lei a que se refere a CRFB/1988 para a instituição ou majoração de tributos é a lei ordinária, havendo hipóteses excepcionais em que se exige lei complementar.

Por oportuno, destaque-se não ser possível a extinção ou redução de um tributo sem lei, sendo certo, nessas hipóteses, necessária a existência de lei em sentido formal. O art. 97[235] do

---

[234] Ibid., p. 26-27.
[235] Art. 97. Somente a lei pode estabelecer:
I — a instituição de tributos, ou a sua extinção;
II — a majoração de tributos, ou sua redução, ressalvado o disposto nos artigos 21, 26, 39, 57 e 65;

Código Tributário Nacional complementa o art. 150, inciso I, CRBF/1988 no momento em que prescreve que somente a lei pode definir os fatos geradores, bases de cálculo, alíquotas e contribuintes dos tributos.

O renomado jurista Luiz Emygdio F. da Rosa Jr. entende que o art. 150, inciso I, CRBF/1988 deve ser visto sob sete prismas, conforme se lê:

> Algumas observações devem ser feitas a respeito do que dispõe o art. 150, I, quando exige lei prévia para a instituição ou majoração de tributo (CTN, arts. 9º, I, e 97, I). Em primeiro lugar, referindo-se o dispositivo a tributo, nenhuma dúvida existe que o princípio da legalidade deve ser aplicado a todas as espécies do gênero. Em segundo lugar, o dispositivo menciona o termo lei e não legislação, e, assim, somente lei formal, significando norma jurídica emanada do Poder Legislativo, como órgão de representação popular, pode criar ou majorar tributo. Examinaremos mais adiante a questão relativa à medida provisória. Em terceiro lugar, o princípio da legalidade tributária deve ser observado por todas as pessoas jurídicas de direito público interno que possuam competência tributária, porque o art. 150, I, da CF e o art. 9º, I, do CTN referem-se expressamente à União, aos Estados, ao Distrito Federal e aos Municípios.

III — a definição do fato gerador da obrigação tributária principal, ressalvado o disposto no inciso I do §3º do artigo 52, e do seu sujeito passivo;
IV — a fixação de alíquota do tributo e da sua base de cálculo, ressalvado o disposto nos artigos 21, 26, 39, 57 e 65;
V — a cominação de penalidades para as ações ou omissões contrárias a seus dispositivos, ou para outras infrações nela definidas;
VI — as hipóteses de exclusão, suspensão e extinção de créditos tributários, ou de dispensa ou redução de penalidades.
§1º Equipara-se à majoração do tributo a modificação da sua base de cálculo, que importe em torná-lo mais oneroso.
§2º Não constitui majoração de tributo, para os fins do disposto no inciso II deste artigo, a atualização do valor monetário da respectiva base de cálculo.

Em quarto lugar, "o princípio da legalidade tributária significa também o princípio da não retroatividade das leis tributárias", por ser esse princípio corolário do primeiro, e está consagrado na Constituição de 1988 em seu art. 150, III, a. Em quinto lugar, o tributo pode ser instituído ou majorado, em regra, mediante lei ordinária. A Constituição apenas exige que tais atos sejam veiculados por lei complementar, em relação aos impostos e contribuições residuais (arts. 154, I, e 195, §4º), e aos empréstimos compulsórios (art. 148). Em sexto lugar, as obrigações tributárias acessórias não estão sujeitas ao princípio da legalidade estrita, podendo, assim, ser estabelecidas mediante qualquer norma integrante da legislação tributária (CTN, art. 113, §2º). Em sétimo lugar, a redução de tributos também está submetida ao princípio da reserva legal (CTN, art. 97, II), salvo as exceções previstas na Constituição Federal para alteração de alíquotas dos impostos referidos no art. 153, §1º. Por outro lado, a extinção de tributos está, igualmente, sujeita à exigência de lei, porque se o Poder Legislativo é necessário para criar tributo, deve também ser para extingui-lo.[236]

Destaque-se, por fim, que o princípio da legalidade está intimamente vinculado ao princípio da segurança jurídica e à ideia de autoimposição de tributos válida no estado democrático de direito, isto é, o contribuinte sabe que só será tributado a partir de publicada a decisão de seus representantes eleitos, e na proporção por eles determinada.

3. Legalidade × reserva legal

Inicialmente, há de se ressaltar que ambas as expressões fazem referência à lei em sentido formal. Entretanto, muitos

---

[236] ROSA JUNIOR, Luiz Emygdio F. da. *Manual de direito tributário*. Rio de Janeiro: Renovar, 2009. p. 185-186.

doutrinadores entendem que há uma diferença. Quando determinada questão só pode ser tratada por lei, não admitindo quaisquer delegações, estamos diante da "reserva legal" constante do art. 150, inciso I, da CRBF/1988 e do art. 97 do CTN. Por outro lado, quando a questão deve ser tratada por lei, mas pode ser delegada à norma infralegal, estamos diante da legalidade, conceito esse disciplinado no art. 5º, inciso II, da CRBF/1988.

Ressalte-se que o art. 96[237] do CTN esclarece a expressão "legislação tributária", momento no qual esta se refere à legalidade, motivo pelo qual se inserem em sua definição os decretos, as normas complementares etc.

As matérias de reserva legal são aquelas constantes do arts. 150, inciso I e 156, §6º, da CRBF/1988 e do art. 97 do CTN.

Nas palavras do professor Ricardo Lodi:

> Diante do exposto, a distinção entre o princípio da legalidade tributária, assim entendido por reserva absoluta de lei, e o princípio da legalidade administrativa, reserva relativa de lei, reside no seguinte ponto: enquanto o último exige simplesmente uma habilitação legal de intervenção, admitindo atos da administração com base numa lei, o primeiro reclama, além disso, que a intervenção seja estabelecida diretamente através de lei.[238]

4. Exceções ao princípio da legalidade

No que concerne à criação e extinção dos tributos, não há o que se falar em exceção ao princípio da legalidade. O art. 153,

---

[237] Lei nº 5.172, de 25 de outubro de 1966. Art. 96. A expressão "legislação tributária" compreende as leis, os tratados e as convenções internacionais, os decretos e as normas complementares que versem, no todo ou em parte, sobre tributos e relações jurídicas a eles pertinentes.

[238] RIBEIRO, Ricardo Lodi. *A segurança jurídica do contribuinte*. Legalidade, não surpresa e proteção à confiança legítima. Rio de Janeiro: Lumen Juris, 2008. p. 91.

§1º,[239] da CRBF/1988, entretanto, autoriza que as alíquotas do Imposto de Importação, do Imposto de Exportação, do Imposto sobre Produtos Industrializados e do Imposto sobre Operações de Crédito, Câmbio e Seguro e sobre Operações Relativas a Títulos e Valores Mobiliários possam ser alteradas mediante ato do Poder Executivo, dentro dos limites legais fixados. Ou seja, em razão da extrafiscalidade, tais tributos podem ser majorados ou reduzidos por ato que não lei em sentido formal.

Há de se destacar que tais exceções não conferem a possibilidade de alteração das alíquotas tão somente pelo chefe do Poder Executivo, uma vez que o dispositivo constitucional não faz tal limitação.

O art. 65 do CTN,[240] todavia, autoriza o Poder Executivo a alterar não apenas as alíquotas, como também a base de cálculo do Imposto sobre Operações de Crédito, Câmbio e Seguro, e sobre Operações Relativas a Títulos e Valores Mobiliários, motivo pelo qual se considera que o mencionado dispositivo não foi recepcionado totalmente pela CRFB/1988. De acordo com posicionamento pacificado do STF, os limites a serem observados pelo Poder Executivo aos quais a CRBF/1988 faz menção, no que concerne ao direito de alterar as alíquotas, não precisam de disciplina de lei complementar, bastando uma lei ordinária para delimitar os referidos limites.

---

[239] Art. 153. Compete à União instituir impostos sobre:
I — importação de produtos estrangeiros;
II — exportação, para o exterior, de produtos nacionais ou nacionalizados;
III — renda e proventos de qualquer natureza;
IV — produtos industrializados;
V — operações de crédito, câmbio e seguro, ou relativas a títulos ou valores mobiliários;
VI — propriedade territorial rural;
VII — grandes fortunas, nos termos de lei complementar.
§1º — É facultado ao Poder Executivo, atendidas as condições e os limites estabelecidos em lei, alterar as alíquotas dos impostos enumerados nos incisos I, II, IV e V.
[240] Lei nº 5.172, de 25 de outubro de 1966. Art. 65. O Poder Executivo pode, nas condições e nos limites estabelecidos em lei, alterar as alíquotas ou as bases de cálculo do imposto, a fim de ajustá-lo aos objetivos da política monetária.

EMENTA: — CONSTITUCIONAL. TRIBUTÁRIO. IMPORTAÇÃO: ALÍQUOTAS: MAJORAÇÃO POR ATO DO EXECUTIVO. MOTIVAÇÃO. ATO. IMPOSTO DE IMPORTAÇÃO: FATO GERADOR. C.F., art. 150, III, a e art. 153, §1º I. — Imposto de importação: alteração das alíquotas, por ato do Executivo, atendidas as condições e os limites estabelecidos em lei: C.F., art. 153, §1º A lei de condições e de limites é lei ordinária, dado que a lei complementar somente será exigida se a Constituição, expressamente, assim determinar. No ponto, a Constituição excepcionou a regra inscrita no art. 146, II. II. — A motivação do decreto que alterou as alíquotas encontra-se no procedimento administrativo de sua formação, mesmo porque os motivos do decreto não vêm nele próprio. III. — Fato gerador do imposto de importação: a entrada do produto estrangeiro no território nacional (CTN, art. 19). Compatibilidade do art. 23 do D.L. 37/66 com o art. 19 do CTN. Súmula 4 do antigo T.F.R. IV. — O que a Constituição exige, no art. 150, III, a, é que a lei que institua ou que majore tributos seja anterior ao fato gerador. No caso, o decreto que alterou as alíquotas é anterior ao fato gerador do imposto de importação. V. — R.E. conhecido e provido.[241]

Com o advento da Emenda Constitucional nº 33/2001, o art. 177, §4º, Inciso I, alínea 'b', foi acrescentado à Constituição Federal,[242] prevendo que a Contribuição de Intervenção no Domínio Econômico relativa às atividades de importação ou comercialização de petróleo e seus derivados, gás natural e

---

[241] BRASIL. Supremo Tribunal Federal. Recurso Extraordinário nº 225.602 — CE. Pleno. Relator: ministro Carlos Velloso. Julgado em 25 de novembro de 1998. *DJ*, 6 abr. 2001.
[242] Constituição da República Federativa do Brasil de 1988: Art. 177. Constituem monopólio da União: §4º A lei que instituir contribuição de intervenção no domínio econômico relativa às atividades de importação ou comercialização de petróleo e seus derivados, gás natural e seus derivados e álcool combustível deverá atender aos seguintes requisitos: (Incluído pela Emenda Constitucional nº 33, de 2001) a) diferenciada por produto ou uso; (Incluído pela Emenda Constitucional nº 33, de 2001)

seus derivados e álcool combustível também poderia ter suas alíquotas modificadas por ato do Poder Executivo, tendo em vista a função extrafiscal que desempenha.

5. Os limites da edição de medida provisória no direito tributário

Inicialmente, importante destacar que o sistema constitucional brasileiro admite a edição de medidas provisórias em situações de urgência e relevância, momentos nos quais o presidente da República poderá editá-las e submetê-las imediatamente ao Congresso Nacional, conforme art. 62, da CRFB/1988.[243]

Até o ano de 2001, antes da Emenda Constitucional nº 32/2001, havia discussão acerca da possibilidade de medidas provisórias criarem ou majorarem tributos. A posição doutrinária dominante era no sentido de que medida provisória somente poderia instituir impostos extraordinários de guerra e empréstimos compulsórios para atender a despesas extraordinárias em razão de calamidade pública, de guerra externa, ou sua iminência, caso o Congresso Nacional estivesse em período de recesso.

O entendimento do STF era em sentido contrário, na medida em que admitia a edição medida provisória para instituir tributos de quaisquer espécies.

Com o advento da Emenda Constitucional nº 32/2001 e, consequentemente, com a inserção do §2º ao art. 62 na CRBF/1988,[244] a medida provisória passou expressamente a poder

---

[243] Constituição da República Federativa do Brasil de 1988: Art. 62. Em caso de relevância e urgência, o Presidente da República poderá adotar medidas provisórias, com força de lei, devendo submetê-las de imediato ao Congresso Nacional. (Redação dada pela Emenda Constitucional nº 32, de 2001)

[244] Constituição da República Federativa do Brasil de 1988: Ver Art. 62. §2º Medida provisória que implique instituição ou majoração de impostos, exceto os previstos nos arts. 153, I, II, IV, V, e 154, II, só produzirá efeitos no exercício financeiro seguinte se houver sido convertida em lei até o último dia daquele em que foi editada. (Incluído pela Emenda Constitucional nº 32, de 2001)

criar ou aumentar tributo. Entretanto, há uma condicionante para a produção de seus efeitos, qual seja, só produzirá efeitos no exercício financeiro seguinte se houver sido convertida em lei até o último dia daquele em que foi editada. Ressalte-se, por oportuno, que excepcionalmente essa condicionante não se aplica à majoração daqueles tributos que não se submetem ao princípio da anterioridade, quais sejam, Imposto de Importação, Imposto de Exportação, Imposto sobre Produtos Industrializados, Imposto sobre Operações Financeiras e Imposto extraordinário de guerra.

Dessa forma, os tributos que se sujeitam à anterioridade somente poderão ser cobrados no exercício financeiro seguinte ao da edição da medida provisória, desde que esta tenha sido convertida em lei até o último dia do exercício anterior.

Outra limitação da medida provisória diz respeito à impossibilidade de esta tratar de matéria reservada à disciplina de Lei Complementar, conforme disposto no §1º, inciso III do art. 62.[245]

---

[245] Art. 62. Em caso de relevância e urgência, o Presidente da República poderá adotar medidas provisórias, com força de lei, devendo submetê-las de imediato ao Congresso Nacional. (Redação dada pela Emenda Constitucional nº 32, de 2001).
§1º É vedada a edição de medidas provisórias sobre matéria: (Incluído pela Emenda Constitucional nº 32, de 2001).
I — relativa a: (Incluído pela Emenda Constitucional nº 32, de 2001).
a) nacionalidade, cidadania, direitos políticos, partidos políticos e direito eleitoral; (Incluído pela Emenda Constitucional nº 32, de 2001).
b) direito penal, processual penal e processual civil; (Incluído pela Emenda Constitucional nº 32, de 2001)
c) organização do Poder Judiciário e do Ministério Público, a carreira e a garantia de seus membros; (Incluído pela Emenda Constitucional nº 32, de 2001).
d) planos plurianuais, diretrizes orçamentárias, orçamento e créditos adicionais e suplementares, ressalvado o previsto no art. 167, §3º; (Incluído pela Emenda Constitucional nº 32, de 2001)
II — que vise a detenção ou sequestro de bens, de poupança popular ou qualquer outro ativo financeiro; (Incluído pela Emenda Constitucional nº 32, de 2001).
III — reservada a lei complementar; (Incluído pela Emenda Constitucional nº 32, de 2001)
IV — já disciplinada em projeto de lei aprovado pelo Congresso Nacional e pendente de sanção ou veto do Presidente da República. (Incluído pela Emenda Constitucional nº 32, de 2001)

Sobre o tema, interessante destacar a Súmula nº 160 do STJ, segundo a qual "É defeso, ao Município, atualizar o IPTU, mediante decreto, em percentual superior ao índice oficial de correção monetária". Essa súmula foi editada em razão de uma discussão acerca da atualização do valor monetário da base de cálculo dos tributos, pois alguns sustentavam que se tratava de majoração de tributo e outros entendiam o contrário. O STJ, ao editar a referida Súmula nº 160, acabou por dirimir a controvérsia, ao estabelecer que atualização monetária não equivale à majoração de tributo e, por isso, pode ser feita por meio de ato infralegal do Poder Executivo, desde que não ultrapassados os índices de correção.

> De acordo com a jurisprudência do STJ, o aumento da base de cálculo depende da elaboração de lei. O entendimento está consolidado na Súmula 160: "É defeso [proibido] ao município atualizar o IPTU, mediante decreto, em percentual superior ao índice oficial de correção monetária." Essa também é a posição do Supremo Tribunal Federal.
> Seguindo essa tese, a Segunda Turma negou recurso do município de Bom Sucesso (MG), que aumentou a base de cálculo do IPTU por meio de decreto. De acordo com o relator, ministro Humberto Martins, mesmo que o Código Tributário Municipal traga critérios de correção dos valores venais dos imóveis, o município não está autorizado a majorar os valores sem a participação do Poder Legislativo local (AResp 66.849).[246]

---

§2º Medida provisória que implique instituição ou majoração de impostos, exceto os previstos nos arts. 153, I, II, IV, V, e 154, II, só produzirá efeitos no exercício financeiro seguinte se houver sido convertida em lei até o último dia daquele em que foi editada. (Incluído pela Emenda Constitucional nº 32, de 2001)
[246] Superior Tribunal de Justiça. Sala de Notícias. STJ firma vasta jurisprudência sobre a cobrança do IPTU. Publicação em 5 de fevereiro de 2012.

6. Tipicidade tributária

O princípio da tipicidade tributária encontra-se intimamente ligado ao princípio da legalidade, na medida em que prescreve ao legislador que todos os elementos do tributo instituído pela lei devem estar minuciosamente nela descritos. A doutrina majoritária entende que a tipicidade tributária se trata de um desdobramento do princípio da legalidade.

De acordo com o ilustre José Marcos Domingues:

> Como corolários do princípio da tipicidade, arrolam-se os subprincípios da *seleção* (escolha pelo Legislador dos fatos geradores), do *numerus clausus* (listagem necessária e taxativa, e proibição de analogia), do *exclusivismo* (privatividade da escolha e suficiência dos elementos selecionados), e da *determinação* (exigência de que o conteúdo da decisão de aplicação da lei tributária nesta se encontre rigorosamente determinado).[247]

A doutrina se divide entre aqueles que defendem a tipicidade fechada/cerrada e aqueles que entendem ser a tipicidade aberta a espécie mais adequada para o direito tributário.

Na tipicidade fechada é inadmissível a utilização de conceitos jurídicos indeterminados, uma vez que a lei deve necessariamente esgotar todas as hipóteses de sua incidência, sem abrir espaço para interpretação administrativa diversa daquela que pretende normatizar, ou seja, as leis não podem ser genéricas.

[...]
2. Deveras, os artigos 97 e 114, do CTN, enunciam o princípio constitucional da reserva legal absoluta para instituição de tri-

---

[247] DOMINGUES, José Marcos. Legalidade tributária: o princípio da proporcionalidade e a tipicidade aberta. In: RIBEIRO, Ricardo Lodi; ROCHA, Sergio André. (Coord.). *Legalidade e tipicidade no direito tributário*. São Paulo: Quartier Latin, 2008. p. 59.

butos (artigo 150, I, da Constituição Federal de 1988), sendo certo que: A legalidade tributária, estampada no art. 150, I, da CF, e interpretada em consonância com outros artigos constitucionais que lhe revelam o sentido, como o art. 153, §1º, implica a reserva absoluta de lei, de modo que a instituição dos tributos se dê não apenas com base legal, mas diretamente através de lei. Veja-se, ainda, que a instituição por lei consta do conceito de tributo, no art. 3º, do CTN.

[...]

A lei que veicula a norma tributária impositiva deverá conter os aspectos indispensáveis para que se possa determinar o surgimento e o conteúdo da obrigação tributária, ou seja, qual a situação geradora da obrigação tributária (aspecto material), onde sua ocorrência é relevante (aspecto espacial) e quando se deve considerar ocorrida (aspecto temporal), bem como quem está obrigado ao pagamento (aspecto pessoal: sujeito passivo), em favor de quem (aspecto pessoal: sujeito ativo), e qual o montante devido (aspecto quantitativo). A norma impositiva incompleta, por insuficiência de dados, não assegura ao contribuinte a certeza quanto ao surgimento e ao conteúdo de sua suposta obrigação tributária, sendo, pois, incapaz de implicar o surgimento da obrigação tributária, já que não pode ser suplementada por regulamento em face da reserva absoluta da lei. Isso não significa, contudo, que todos os cinco aspectos da norma tributária impositiva (material, espacial, temporal, pessoal e quantitativo) devam, necessariamente, constar da lei de modo expresso e didático. Em leis de boa técnica, isso se dá, mas não constitui requisito para que se a considere completa. Cabe ao intérprete e aplicador analisar a lei e identificar os diversos aspectos, só concluindo pela incompletude na impossibilidade de levar a efeito tal identificação por absoluta falta de dados, referências ou elementos para tanto. A conclusão sobre ser ou não completa a norma tributária impositiva estabelecida por lei depende da possibilidade de se determinar os seus diversos aspectos independentemente de complementação normativa infralegal, ainda que mediante análise mais cuidadosa do texto da lei e da consideração do tipo de fato gerador, da competência do ente tributante e dos demais elementos de que se disponha. Em não sendo possível, em face da ausência de dados, que não possam ser supridos pelo trabalho do intérprete e aplicador sem que tenha de integrar a norma tributária com critérios fornecidos pelo Executivo e que revelem delegação vedada de competência normativa, teremos evidenciado tratar-se de norma incompleta. Tudo porque, neste caso, a lei não terá efetivamente instituído o tributo, por insuficiência sua, deixando de ensejar ao contribuinte a certeza quanto ao surgimento ou quanto ao conteúdo da obrigação tributária principal de pagar tributo. (Leandro Paulsen, in *Direito Tributário — Constituição e Código Tributário à Luz da Doutrina e da Jurisprudência*, 10ª ed., Ed. Livraria do Advogado e ESMAFE, Porto Alegre, 2008, págs. 178 e 180).[248]

Um dos efeitos da tipicidade fechada é a proibição da analogia, como critério interpretativo, para efeito de cobrança de tributo não previsto em lei, conforme prescreve o art. 108, §1º, do Código Tributário Nacional.[249]

[...]
1. Este Superior Tribunal de Justiça, ao analisar o Convênio nº 69, de 19.6.1998, concluiu, em síntese, que: (a) a interpretação conjunta dos arts. 2º, III, e 12, VI, da Lei Complementar 87/96

---

[248] BRASIL. Superior Tribunal de Justiça. Recurso Especial nº 972.264-SC. Primeira Turma. Relator: ministro Luiz Fux. Julgado em 18 de novembro de 2010. *DJe*, 30 nov. 2010.
[249] Lei nº 5.172, de 25 de outubro de 1966. Art. 108. Na ausência de disposição expressa, a autoridade competente para aplicar a legislação tributária utilizará sucessivamente, na ordem indicada: §1º O emprego da analogia não poderá resultar na exigência de tributo não previsto em lei.

(Lei Kandir) leva ao entendimento de que o ICMS somente pode incidir sobre os serviços de comunicação propriamente ditos, no momento em que são prestados, ou seja, apenas pode incidir sobre a atividade-fim, que é o serviço de comunicação, e não sobre a atividade-meio ou intermediária, que é, por exemplo, a habilitação, a instalação, a disponibilidade, a assinatura, o cadastro de usuário e de equipamento, entre outros serviços. Isso porque, nesse caso, o serviço é considerado preparatório para a consumação do ato de comunicação; (b) o serviço de comunicação propriamente dito, consoante previsto no art. 60 da Lei 9.472/97 (Lei Geral de Telecomunicações), para fins de incidência de ICMS, é aquele que transmite mensagens, ideias, de modo oneroso; (c) o Direito Tributário consagra o princípio da tipicidade fechada, de maneira que, sem lei expressa, não se pode ampliar os elementos que formam o fato gerador, sob pena de violar o disposto no art. 108, §1º, do CTN. Assim, não pode o Convênio 69/98 aumentar o campo de incidência do ICMS, porquanto isso somente poderia ser realizado por meio de lei complementar.[250]

A premissa utilizada pelo STJ se manteve quando do julgamento do REsp nº 1145753, em recurso repetitivo, ao entender que a prestação de serviços conexos ao de comunicação por meio da telefonia móvel (que são preparatórios, acessórios ou intermediários da comunicação) não se confunde com a prestação da atividade-fim processo de transmissão (emissão ou recepção) de informações de qualquer natureza, esta sim, passível de incidência pelo ICMS.

Isso porque não se afiguraria razoável que o conceito de serviço de telecomunicações do art. 60 da Lei nº 9.472/97[251]

---

[250] BRASIL. Superior Tribunal de Justiça. Recurso Especial nº 816.512-PI. Primeira Seção. Relator: ministro Luiz Fux. Julgado em 8 de setembro de 2010. *DJe*, 13 out. 2010.
[251] Lei nº 9.472, de 16 de julho de 1997. Art. 60. Serviço de telecomunicações é o conjunto de atividades que possibilita a oferta de telecomunicação.

pudesse ser utilizado para ampliar a hipótese de incidência do ICMS sobre a prestação dos serviços de comunicação.

Nas palavras do professor Marciano Seabra de Godói,

> Em conclusão, pode-se dizer que a legalidade tributária (art. 150, I, da Constituição), qualificada pela tipicidade, tem uma conotação muito mais rígida e exigente do que a legalidade genérica estabelecida no art. 5º, II, da Constituição ("ninguém será obrigado a fazer ou deixar de fazer alguma coisa senão em virtude de lei"). *Exaustividade, precisão, delimitação conceitual e impossibilidade de delegação a atos infralegais* são os elementos da legalidade tributária qualificada na tipicidade, mas não da legalidade genérica do art. 5º, II, da Constituição.[252]

A tipicidade tributária desempenha importante papel na função de proteção do contribuinte por meio do princípio da legalidade, uma vez que com base nela não se permite ao fisco criar hipóteses não definidas em lei como fatos geradores de quaisquer tributos.

"Estas circunstâncias levam a legalidade a assumir a feição de instrumento de libertação do cidadão, na medida em que o poder de fato é neutralizado pela juridicização do seu exercício, o que implica limitá-lo".[253]

A simples autorização da lei para a criação do tributo não esgota o princípio da legalidade, o qual abrange o princípio da tipicidade e, por isso, exige que todos os elementos referentes ao tipo tributário estejam discriminados em lei emanada pelo Poder Legislativo.

---

[252] GODOI, Marciano Seabra de. O quê e o porquê da tipicidade tributária. In: RIBEIRO, Ricardo Lodi; ROCHA, Sergio André. (Coord.). *Legalidade e tipicidade no direito tributário*. São Paulo: Quartier Latin, 2008. p. 73.
[253] GRECO, Marco Aurélio. Três papéis da legalidade tributária. In: RIBEIRO, Ricardo Lodi; ROCHA, Sergio André. (Coord.). *Legalidade e tipicidade no direito tributário*. São Paulo: Quartier Latin, 2008. p. 102.

Por natural obviedade, em oposição, o conceito de tipicidade aberta se inclina para a possibilidade de utilização de conceitos abertos no direito tributário, passíveis de serem interpretados extensivamente e, portanto, passíveis a conceder à autoridade administrativa certa discricionariedade quando da aplicação das normas. A abertura de espaço à valoração administrativa é característica intrínseca à tipicidade aberta.

Interessante destacar que, apesar de a tipicidade fechada ser predominante e quase unânime na doutrina e jurisprudência, os tribunais têm admitido certo grau de delegação quando da existência de "normas em branco".

Uma "norma tributária em branco" descreve os elementos integrantes da relação jurídica obrigacional tributária, mas a própria lei delega ao Poder Executivo a complementação desses elementos. Deve a lei, obrigatoriamente, estabelecer os parâmetros para a atuação do Poder Executivo, de sorte que este se limite a exercer uma "discricionariedade técnica", uma competência atinente a elementos técnicos, próprios da atuação administrativa.[254]

Questões de automonitoramento

1. Após ler o material, você é capaz de resumir o caso gerador do capítulo 5, identificando as partes envolvidas, os problemas atinentes e as soluções cabíveis?
2. A fim de que os tributos fossem criados apenas por Lei, seria necessária a previsão expressa do art. 150, inciso I, da CRBF/1988, ou bastaria o art. 5º, II, do texto constitucional?

---

[254] ALEXANDRINO, Marcelo; VICENTE, Paulo. *Direito tributário na Constituição e no STF*, 2009, op. cit., p. 94.

3. Quais espécies normativas estão aptas a criar um tributo?
4. Quais os elementos do tributo que precisam estar definidos na lei para se afirmar que o tributo foi integralmente criado?
5. Considerando que o art. 150, inciso I, da CRBF/1988 dispõe que somente a lei pode "exigir ou aumentar" tributo, reflita se o princípio da legalidade tributária se aplica igualmente à extinção ou diminuição de tributos.
6. Existem exceções à legalidade tributária? Quais são elas e por que o legislador constituinte entendeu por excepcionar tais tributos do princípio?
7. Qual é o valor vinculado ao princípio da legalidade tributária?
8. Existe diferença entre legalidade e reserva legal?
9. Pense e descreva, mentalmente, alternativas para a solução do caso gerador do capítulo 5.

5

Sugestões de casos geradores

Conceito de tributo e direito tributário (cap. 1)

A Lei nº 8.036/1990, a qual dispõe sobre o Fundo de Garantia do Tempo de Serviço (FGTS), estabelece em seu art. 15 que:

> Art. 15. Para os fins previstos nesta lei, *todos os empregadores ficam obrigados a depositar, até o dia 7 (sete) de cada mês, em conta bancária vinculada, a importância correspondente a 8 (oito) por cento da remuneração paga ou devida, no mês anterior, a cada trabalhador*, incluídas na remuneração as parcelas de que tratam os arts. 457 e 458 da CLT e a gratificação de Natal a que se refere a Lei nº 4.090, de 13 de julho de 1962, com as modificações da Lei nº 4.749, de 12 de agosto de 1965. (Os grifos não são do original)

Analise a natureza jurídica da Contribuição ao FGTS, prevista no artigo transcrito.

Conceito de tributo e direito tributário: a validação constitucional das espécies tributárias (cap. 2)

O Município de Ribeirão Alegre edita lei complementar municipal instituindo a cobrança de taxa de saúde, visando a custear o serviço de aparelhamento dos hospitais municipais. A referida taxa será cobrada de todos os munícipes que venham a ser atendidos no hospital municipal e terá por base o valor venal do imóvel em que residam independentemente da propriedade sobre o mesmo. Indique qual a natureza jurídica do tributo e se existe alguma inconstitucionalidade em sua cobrança.

Federalismo fiscal e a repartição das competências tributárias (cap. 3)

Caso 1

O presidente da República, considerando a competência da União prevista no art. 21, inciso I, da CRBF/1988 e suas atribuições privativas fixadas nos incisos VII e VIII do art. 84 da CRBF/1988 celebrou tratado internacional estabelecendo diversas *isenções* de tributos *federais* e bem assim do *ICMS* na importação de determinado produto "x".

Após o referendo de que trata o art. 49, I, da CRBF/1988 pelo Congresso Nacional, o que se realizou por meio da edição de decreto legislativo previsto no art. 59, inciso VI, da CRBF/1988, o chefe do Poder Executivo da União, com base no art. 84, inciso IV, da CRBF/1988, editou decreto, em março de 2009, ratificando os aludidos tratamentos tributários privilegiados, inclusive no que se refere à isenção do ICMS, imposto de competência dos estados e do Distrito Federal.

Considerando a queda generalizada da arrecadação estadual no mesmo exercício de 2009, conjugada com a redução substancial nos repasses constitucionais, ocasionados em grande medida pelos benefícios fiscais concedidos pela União em relação ao Imposto sobre Produtos Industrializados (IPI), assim como a possibilidade de seu enquadramento em tipo penal introduzido pela Lei de Responsabilidade Fiscal (Lei Complementar nº 101/2000), o governador de determinado estado, onde está localizado um dos seus clientes, objetivando "salvar as finanças estaduais", encaminhou projeto de lei à Assembleia Legislativa. O Parlamento estadual aprovou a mensagem do Poder Executivo e a lei que aumentava as alíquotas de alguns tributos estaduais foi promulgada, sancionada e publicada em julho de 2009. A alíquota do ICMS foi elevada em 5% (cinco por cento), inclusive no que se refere ao produto "x" importado pelo seu cliente e que consta do citado ato internacional. O fisco estadual não quer autorizar a liberação da mercadoria importada sem o pagamento do imposto estadual (ICMS).

Qual o seu parecer em relação ao caso, considerando o disposto no art. 151, inciso III, da CRBF/1988?

Caso 2

Os veículos utilizados no serviço postal pela Empresa Brasileira de Correios e Telégrafos (ECT), pessoa jurídica de direito privado, na espécie, empresa pública, são parados em *blitze* realizadas pelo Departamento Estadual de Trânsito do Rio de Janeiro (Detran-RJ) e recolhidos aos seus pátios, de onde só são retirados mediante pagamento de taxas e diárias dos depósitos públicos.

A ECT alega que não exerce atividade econômica, mas sim presta serviço público, por isso goza de imunidade tributária e privilégios da Fazenda Pública, dentre os quais a imunidade de impostos sobre suas rendas, serviços e patrimônio. Segundo a empresa, a atividade exercida pelos Correios, conforme a Constituição, é própria da União, sendo o correio aéreo nacional e o serviço postal de natureza jurídica peculiar, não possuindo a atividade caráter econômico.

O Detran-RJ contestou o entendimento, argumentando que "alguns dos serviços prestados pela ECT são típica atividade econômica, estando sujeitos à regra do regime concorrencial, nos termos do artigo 173 da Constituição, principalmente quando se analisa a prestação dos chamados serviços expressos, nos quais se busca agilidade, segurança na prestação do serviço e garantias". A ação foi ajuizada inicialmente na 14ª Vara Federal do Rio de Janeiro, mas foi remetida ao STF em razão de sua competência originária para analisar esse tipo de demanda, ou seja, conflito entre estado federado e empresa pública federal (CRBF/1988, art. 102, inciso I, alínea "f").

Você, como ministro do STF, entenderia que a ECT faz jus ao enquadramento na imunidade de que trata o art. 150, inciso VI, alínea "a", considerando o disposto no §3º do art. 150, no §1º, inciso II, e §2º do art. 173, todos da CRBF/1988?

Princípio da legalidade (cap. 4)

O município do Rio de Janeiro, por meio da Lei ordinária nº 106/2010, fixou como base de cálculo do IPTU dos imóveis do bairro de Botafogo e do Flamengo os valores respectivos de R$ 100,00/m^2 e R$ 150,00/m^2, sendo a base de cálculo de cada imóvel dependente de sua área. No dia 31 de janeiro de 2011, o prefeito do Rio de Janeiro, por meio do Decreto nº 307/2011, aumentou o valor da base de cálculo dos referidos imóveis para R$ 150,00/m^2 e R$ 165,00/m^2, respectivamente. Considerando que, segundo o CTN, a base de cálculo do IPTU é o "valor venal do imóvel" e que o índice acumulado de correção monetária entre a Lei nº 106/2010 e o Decreto nº 307/2011 foi de 10%, responda se são válidos os reajustes realizados pelo decreto. Os mesmos seriam válidos caso a espécie normativa utilizada fosse a lei ordinária?

Lei municipal estabelece:

Art. 1º. Fica instituída a Taxa de Controle Ambiental - TCA, cujo fato gerador é o exercício regular do poder de polícia conferido à Secretaria Municipal do Meio Ambiente - SMMA para controle e fiscalização das atividades potencialmente poluidoras e utilizadoras de recursos naturais.

Art. 2º. É sujeito passivo da TCA todo aquele que exerça as atividades constantes de regulamento editado pelo Poder Executivo Municipal.
Parágrafo único - O sujeito passivo da TCA é obrigado a entregar até o dia 31 de março de cada ano relatório das atividades exercidas no ano anterior, cujo modelo será definido pela SMMA, para o fim de colaborar com os procedimentos de controle e fiscalização.

Art. 3º. A TCA é devida por estabelecimento, a cada trimestre, e os seus valores, em reais:

Potencial de Poluição, Grau de utilização de Recursos Naturais	Pessoa Física	Microempresa	Empresa de Pequeno Porte	Empresa de Médio Porte	Empresa de Grande Porte
Pequeno	–	–	112,50	225,00	450,00
Médio	–	–	180,00	360,00	900,00
Alto	–	50,00	225,00	450,00	2.250,00

§1º Para os fins desta Lei, consideram-se:

I — microempresa e empresa de pequeno porte, as pessoas jurídicas que se enquadrem, respectivamente, nas disposições do Simples Nacional;

II — empresa de médio porte, a pessoa jurídica que tiver receita bruta anual superior a R$ 1.200.000,00 (um milhão e duzentos mil reais) e igual ou inferior a R$ 12.000.000,00 (doze milhões de reais);

III — empresa de grande porte, a pessoa jurídica que tiver receita bruta anual superior a R$ 12.000.000,00 (doze milhões de reais).

§2º O potencial de poluição (PP) e o grau de utilização (GU) de recursos naturais de cada uma das atividades sujeitas à fiscalização serão definidos em regulamento editado pelo Poder Executivo Municipal.

§3º Caso o estabelecimento exerça mais de uma atividade sujeita à fiscalização, pagará a taxa relativamente a apenas uma delas, pelo valor mais elevado.

Art. 4º. A TCA será devida no último dia útil de cada trimestre do ano civil, nos valores fixados no art. 3º, e o recolhimento será efetuado em conta bancária vinculada à SMMA, independente de qualquer notificação, por intermédio de documento próprio de arrecadação, até o quinto dia útil do mês subsequente, cabendo ao sujeito passivo o enquadramento nos termos do art. 3º. [...].

Analise a compatibilidade da Lei com as normas constitucionais.

Conclusão

Como ficou evidenciado, o direito tributário vai muito além da simples exigência dos impostos, que são apenas uma das diversas espécies de tributo existentes. O Código Tributário Nacional prevê expressamente o conceito de tributo de forma excludente, definindo-o como "toda prestação pecuniária compulsória, em moeda ou cujo valor nela se possa exprimir, que não constitua sanção de ato ilícito, instituída em lei e cobrada mediante atividade administrativa plenamente vinculada" e, em conjunto com o CTN, as leis (federais, estaduais ou municipais) conferem maior complexidade ao sistema.

No que concerne aos tributos, a CRFB/1988 dita as regras. Por exemplo, de acordo com o art. 150, inciso I, da Constituição, os tributos só podem ser instituídos ou majorados por lei. Diante da fundamentação constitucional no ramo direito tributário, asseverou-se aqui que certas pessoas não podem ser alvo de tributação em vista do manto da imunidade. As normas constitucionais, em alguns casos, fixam a incompetência dos entes políticos na tributação sobre determinadas pessoas, seja pela natureza jurídica que possuem, seja por realizarem certos fatos, ou ainda por estarem relacionadas a dados bens ou situações.

Como observado ao longo deste trabalho, o respeito a princípios, sejam eles explícitos (anterioridade e irretroatividade) ou implícitos, como é o caso do princípio da praticidade, e que os princípios norteiam não apenas a edição de novas leis, como também direcionam a interpretação da legislação já existente.

Verdade seja, o direito tributário, no Brasil, vem ganhando o interesse da sociedade quer seja pelo aumento das discussões jurídicas, quer seja pelas discussões políticas relacionadas, sendo certo que o grande embate da tributação está em achar um meio-termo equânime entre o poder de tributar e a obrigação de pagar tributos, de forma a impedir o brocado *"the power to tax [is] the power to destroy"*.[255]

---

[255] "O poder de tributar é o poder de destruir" (tradução nossa). *Chief Justice* John Marshall no caso McCullock v. Maryland, em 1819.

Referências

ADAMS, Charles. *For good and evil*: the impact of taxes on the course of civilization. 2. ed. Madison Books, 2001.

ALEXANDRINO, Marcelo; VICENTE, Paulo. *Direito tributário na Constituição e no STF*. 15. ed. rev. e atual. Rio de Janeiro: Forense; São Paulo: Método, 2009.

ALEXY, Robert. *Teoria dos direitos fundamentais*. Tradução de Virgilio Afonso da Silva. São Paulo: Malheiros, 2008. [*Theorie der Grundrechte*. 5. ed. 2006].

ALMEIDA, Aline Paola Correa Braga Câmara. *As tarifas e as demais formas de remuneração dos serviços públicos*. Rio de Janeiro: Lumen Juris, 2009.

AMARO, Luciano. *Direito tributário brasileiro*. 9. ed. São Paulo: Saraiva, 2003.

____. *Direito tributário brasileiro*. 11. ed. rev. e atual. São Paulo: Saraiva, 2005.

____. *Direito tributário brasileiro*. 12. ed. rev. e atual. São Paulo: Saraiva, 2006.

_____. *Direito tributário brasileiro*. 13. ed. rev. e atual. São Paulo: Saraiva, 2007.

_____. *Direito tributário brasileiro*. São Paulo: Saraiva, 2010.

ATALIBA, Geraldo. Considerações em torno da teoria jurídica da taxa. *Revista de Direito Público*, Rio de Janeiro, n. 9. jul./set. 1969.

_____. *Hipótese de incidência tributária*. São Paulo: Revista dos Tribunais, 1973.

_____. Normas gerais de direito financeiro e tributário e autonomia dos Estados e municípios. *RDP*, v. 10, p. 64, 1969.

BALEEIRO, Aliomar. *Direito tributário brasileiro*. 4. ed. Rio de Janeiro: Forense, 1972.

_____. *Uma introdução à ciência das finanças*. 14. ed. Rio de Janeiro: Forense, 1987.

_____. *Direito tributário brasileiro*. 11. ed. Rio de Janeiro: Forense, 2000.

_____. *Limitações constitucionais ao poder de tributar*. 7. ed. Rio de Janeiro: Forense, 2001.

_____. *Direito tributário brasileiro*. 18. ed. Rio de Janeiro: Forense, 2007.

BARROSO, Luís Roberto. Federalismo, isonomia e segurança jurídica: inconstitucionalidade das alterações na distribuição de royalties do petróleo. *Revista de Direito da Procuradoria Geral do Estado do Rio de Janeiro*, Rio de Janeiro, p. 30, 2010.

BASTOS, Celso Ribeiro. *Curso de direito financeiro e de direito tributário*. Saraiva: São Paulo, 1991.

BECKER, Alfredo Augusto. *Teoria geral do direito tributário*. 2. ed. São Paulo: Saraiva, 1972.

BONAVIDES, Paulo. *Curso de direito constitucional*. 6. ed. São Paulo: Malheiros, 1996.

BORGES NETTO, André Luiz. *Normas Gerais e competência concorrente — uma exegese do art. 24 da Constituição Federal*.

BULOS, Uadi Lammêgo. *Constituição Federal anotada*. São Paulo: Saraiva, 2008.

CARRAZA, Roque Antonio. *Curso de direito constitucional tributário*. 9. ed. rev. e amp. São Paulo: Malheiros, 1997.

CARRIÓ, Genaro A. *Notas sobre derecho y language*. Buenos Aires: Abeledo-Perrot, 1973.

CARVALHO, Paulo de Barros. *Curso de direito tributário*. 6. ed. São Paulo: Saraiva, 1993.

_____. *Competência residual e extraordinária*. In: MARTINS, Ives Gandra da Silva (Coord.). *Curso de direito tributário*. 10. ed. rev. e atual. São Paulo: Saraiva, 2008.

_____. *Curso de direito tributário*. 20. ed. São Paulo: Saraiva, 2008.

COÊLHO, Sacha Calmon Navarro. Classificação dos tributos. *Revista de Direito Tributário*, São Paulo, n. 47, 1989.

_____. *Curso de direito tributário brasileiro*. 6. ed. Rio de Janeiro: Forense, 2003.

COSTA, Regina Helena. *Curso de direito tributário*: Constituição e Código Tributário Nacional. São Paulo: Saraiva, 2009.

CRETELLA JR., José. *Administração indireta brasileira*. Rio de Janeiro: Forense, 1980.

DA SILVA, José Afonso. *Curso de direito constitucional positivo*. 17. ed. São Paulo: Malheiros, 2000.

DI PIETRO, Maria Sylvia Zanella. *Direito administrativo*. 16. ed. São Paulo: Atlas, 2003.

DOMINGUES, José Marcos. Legalidade tributária: o princípio da proporcionalidade e a tipicidade aberta. In: RIBEIRO, Ricardo Lodi; ROCHA, Sergio André (Coord.). *Legalidade e tipicidade no direito tributário*. São Paulo: Quartier Latin, 2008.

FALCÃO, Amílcar. *Fato gerador da obrigação tributária*. 6. ed. Rio de Janeiro: Forense, 2002.

FONSECA REIS, Elcio. *Federalismo fiscal*. Competências concorrentes e normas gerais de direito tributário. Belo Horizonte: Mandamentos, 2000.

GODOI, Marciano Seabra de. O quê e o porquê da tipicidade tributária. In: RIBEIRO, Ricardo Lodi; ROCHA, Sergio André (Coord.). *Legalidade e tipicidade no direito tributário*. São Paulo: Quartier Latin, 2008.

____. *Questões atuais do direito tributário na jurisprudência do STF*. São Paulo: Dialética, 2006.

GOMES, Marcus Lívio; ANTONELLI, Leonardo Pietro (Coord.). *Curso de direito tributário brasileiro*. 3. ed. São Paulo: Quartier Latin, 2010. v. 1.

GOUVÊA, Marcus de Freitas. *A extrafiscalidade no direito tributário*. Belo Horizonte: Del Rey, 2006.

GRECO, Marco Aurélio. Três papéis da legalidade tributária. In: RIBEIRO, Ricardo Lodi; ROCHA, Sergio André (Coord.). *Legalidade e tipicidade no direito tributário*. São Paulo: Quartier Latin, 2008.

HARADA, Kiyoshi. Contribuição para o custeio da iluminação pública. *Jus Navigandi*. Disponível em: <www1.jus.com.br/doutrina/texto.asp?id=4076>. Acesso em: 3 set. 2007.

HORTA, Raul Machado. *Direito constitucional*. 2. ed. Belo Horizonte: Del Rey, 1999.

____. Reconstrução do federalismo brasileiro. *Revista de Direito Público*, n. 64, p. 15-29, 1982.

JARACH, Dino. *Finanzas públicas*. Buenos Aires: Cangallo, 1978.

KUGELMAS, Eduardo. A evolução recente do regime federativo no Brasil. In: ____. *Federalismo na Alemanha e no Brasil*. São Paulo: Fundação Konrad Adenauer, 2001. (Série de Debates, n. 22, v. I).

MACHADO, Hugo de Brito. A Contribuição de Iluminação Pública — CIP. Disponível em: <www.hugomachado.adv.br/conteudo.asp?home=1&secao=2&situacao=2&doc_id=95>. Acesso em: 28 ago. 2007.

_____. As taxas no direito brasileiro. In: _____. *Interesse público*. Sapucaia do Sul: Notadez, 2001.

_____. *Os princípios jurídicos da tributação na Constituição de 1988*. 4. ed. São Paulo: Dialética, 2001.

_____. *Curso de direito tributário*. 21. ed. rev. atual. e amp. São Paulo: Malheiros, 2002.

_____. *Curso de direito tributário*. 22. ed. rev. atual. e amp. de acordo com a EC 39/2002. São Paulo: Malheiros, 2003.

_____. *Curso de direito tributário*. 25. ed. rev. atual. e amp. São Paulo: Malheiros, 2004.

_____. *Curso de direito tributário*. 26. ed. rev. atual. e amp. São Paulo: Malheiros, 2005.

MELLO, Celso Antonio Bandeira de. *Elementos de direito administrativo*. São Paulo: Revista dos Tribunais, 1980.

MORAES, Alexandre de. *Direito constitucional*. São Paulo: Atlas, 2001.

MORAES, Bernardo Ribeiro de. *Compêndio de direito tributário*. ed. rev. aum. e atual. Rio de Janeiro: Forense, 2002.

MIRANDA, Jorge. *Manual de direito constitucional*. 3. ed. Coimbra: Coimbra, 1985. t. III.

NABAIS, José Casalta. *O dever fundamental de pagar impostos*. Coimbra: Almedina, 2009.

NOGUEIRA, Ruy Barbosa. *Curso de direito tributário*. 11. ed. São Paulo: Saraiva, 1993.

NOVELLI, Flavio Bauer. Apontamentos sobre o conceito jurídico de taxa. *Revista de Direito Administrativo*, Rio de Janeiro, v. 189, 1992.

OLIVEIRA, José Marcos Domingues de. Espécies de tributos. *Revista de Direito Administrativo*, Rio de Janeiro, v. 183, 1991.

OLIVEIRA, Regis Fernandes de. *Receitas públicas originárias*. São Paulo: Malheiros, 1994.

PAULSEN, Leandro. *Direito tributário*: Constituição e Código Tributário à luz da doutrina e da jurisprudência. 9. ed. rev. atual. Porto Alegre: Livraria do Advogado, 2007.

PIRES, Adilson Rodrigues. *Manual de direito tributário*. 10. ed. 4. tir. Rio de Janeiro: Forense, 1997.

PRUD'HOMME, Rémy; SHAH, Anwar. Centralização versus descentralização: o diabo está nos detalhes. In: REZENDE, Fernando; OLIVEIRA, Fabrício Augusto de (Org.). *Federalismo e intergração econômica regional* — desafios para o Mercosul. Fórum das Federações. Konrad Adenauer Stiftung. Rio de Janeiro, 2004.

QUINTANILHA, William Jefferson. *Manual do tributarista*. s.l.: Tradebook, 2009.

ROSA JUNIOR, Luiz Emygdio F. da. *Manual de direito financeiro e direito tributário*. 18. ed. rev. e atual. Rio de Janeiro: Renovar, 2005.

_____. *Manual de direito financeiro e tributário*. 16. ed. Rio de Janeiro: Renovar, 2001.

ROSA JUNIOR, Luiz Emygdio F. da. *Manual de direito tributário*. Rio de Janeiro: Renovar, 2009.

SANTOS, Sérgio Honorato dos. *Royalties do petróleo à luz do direito positivo*. Rio de Janeiro: Adcoas, 2001.

RIBEIRO, Ricardo Lodi. *A segurança jurídica do contribuinte*. Legalidade, não surpresa e proteção à confiança legítima. Rio de Janeiro: Lumen Juris, 2008.

_____. *Legalidade e tipicidade no direito tributário*. São Paulo: Quartier Latin, 2008.

SEIXAS FILHO, Aurélio Pitanga. *Taxa doutrina, prática e jurisprudência*. Rio de Janeiro: Forense, 1990.

_____. *Princípios fundamentais do direito administrativo tributário* (a função fiscal). Rio de Janeiro: Forense, 2003.

SCHOUERI, Luiz Eduardo. *Normas tributárias indutoras e intervenção econômica*. Rio de Janeiro: Forense, 2005.

TAVARES, Marcelo Leonardo. *Direito previdenciário*. Rio de Janeiro: Lumen Juris, 2004.

TORRES, Ricardo Lobo. *Curso de direito financeiro e tributário*. São Paulo: Renovar, 2003.

____. *Curso de direito financeiro e tributário*. 11. ed. atual até a publicação da Emenda Constitucional n. 44, de 30.6.2004. Rio de Janeiro: Renovar, 2004.

____. *Tratado de direito constitucional financeiro e tributário*. V. I. Constituição financeira, sistema tributário e Estado fiscal. Rio de Janeiro: Renovar, 2009.

UCKMAR, Victor. *Princípios comuns de direito constitucional tributário*. 2. ed. São Paulo: Malheiros Editores, 1999.

VELLOSO, Carlos Mário da Silva. Estado federal e estados federados na Constituição brasileira de 1988: do equilíbrio federativo. *BDA — Boletim de Direito Administrativo*, 1993.

VILLEGAS, Héctor. *Curso de direito tributário*. Traduzido por Roque Antônio Carrazza. São Paulo: Revista dos Tribunais, 1980.

XAVIER, Alberto. *Direito tributário internacional do Brasil*. 6. ed. Rio de Janeiro: Forense, 2004.

Organizadores

Na contínua busca pelo aperfeiçoamento de nossos programas, o Programa de Educação Continuada da FGV DIREITO RIO adotou o modelo de sucesso atualmente utilizado nos demais cursos de pós-graduação da Fundação Getulio Vargas, no qual o material didático é entregue ao aluno em formato de pequenos manuais. O referido modelo oferece ao aluno um material didático padronizado, de fácil manuseio e graficamente apropriado, contendo a compilação dos temas que serão abordados em sala de aula durante a realização da disciplina.

A organização dos materiais didáticos da FGV DIREITO RIO tem por finalidade oferecer o conteúdo de preparação prévia de nossos alunos para um melhor aproveitamento das aulas, tornando-as mais práticas e participativas.

Joaquim Falcão – diretor da FGV DIREITO RIO

Doutor em educação pela Université de Génève. *Master of laws* (LL.M) pela Harvard University. Bacharel em direito pela Pontifícia Universidade Católica do Rio de Janeiro (PUC-Rio). Diretor da Escola de Direito do Rio de Janeiro da Fundação Getulio Vargas (FGV DIREITO RIO).

Sérgio Guerra – vice-diretor de pós-graduação da FGV DIREITO RIO

Pós-doutor em administração pública. Doutor e mestre em direito. Embaixador da Yale University no Brasil, onde foi *visiting researcher* na Yale Law School em 2014. Professor titular de direito administrativo, vice-diretor de ensino, pesquisa e pós-graduação e coordenador do mestrado em direito da regulação da FGV DIREITO RIO. Coordenador do curso International Business Law na University of California (Irvine). Editor da *Revista de Direito Administrativo* (RDA). Consultor jurídico da OAB/RJ (Comissão de Direito Administrativo).

Rafael Alves de Almeida – coordenador geral de pós-graduação da FGV DIREITO RIO

Coordenador geral do FGV Law Program da FGV DIREITO RIO. Doutor em políticas públicas, estratégias e desenvolvimento, pelo Instituto de Economia da Universidade Federal do Rio de Janeiro (UFRJ). LL.M em *international business law* pela London School of Economics and Political Science (LSE). Mestre em regulação e concorrência pela Universidade Candido Mendes (Ucam). Formado pela Escola da Magistratura do Estado do Rio de Janeiro (Emerj). Bacharel em direito pela UFRJ e em economia pela Ucam. Advogado. Coordenador do MBA Executivo em Gestão e Business Law – FGV Online. Membro do Conselho Diretor do Mediare – Diálogos e Processos Decisórios. Membro do corpo permanente de conciliadores e árbitros da Câmara FGV de Conciliação e Arbitragem. Membro efetivo da Comissão de Mediação da OAB-RJ. Membro da International Society for Ecological Economics e da Sociedade Brasileira de Economia Ecológica. Presidente da LSE Brazilian Alumni Association.

Colaboradores

Os cursos de pós-graduação da FGV DIREITO RIO foram realizados graças a um conjunto de pessoas que se empenhou para que eles fossem um sucesso. Nesse conjunto bastante heterogêneo, não poderíamos deixar de mencionar a contribuição especial de nossos professores e assistentes de pesquisa em compartilhar seu conhecimento sobre questões relevantes ao direito. A FGV DIREITO RIO conta com um corpo de professores altamente qualificado que acompanha os trabalhos produzidos pelos assistentes de pesquisa envolvidos em meios acadêmicos diversos, parceria que resulta em uma base didática coerente com os programas apresentados.

Nosso especial agradecimento aos colaboradores da FGV DIREITO RIO que participaram deste projeto:

Aline Couto Maio

Pós-graduada em processo do trabalho pela Universidade Veiga de Almeida (UVA). Graduada em direito pela UVA. Atua como advogada OI.

Ana Maria Cavalier Simonato

Mestre em direito pela Universidade Gama Filho (UGF). Pós-graduada em direito do consumidor pela Fundação Getulio Vargas (FGV); pós-graduada em direito e processo civil na Universidade Estácio de Sá (UES); pós-graduada em direito e processo do trabalho na Universidade Candido Mendes (Ucam); pós-graduada em gestão de varejos e serviços pela Universidade Veiga de Almeida (UVA). Atua como advogada, professora universitária, e assistente de pesquisa nos cursos de pós-graduação da FGV DIREITO RIO.

Andrea Veloso Correia

Bacharel em direito pela Universidade do Estado do Rio de Janeiro (Uerj). Procuradora do município do Rio de Janeiro. Professora de direito tributário e uma das coordenadoras da pós-graduação de direito tributário da FGV DIREITO RIO. Professora de direito tributário na Escola da Magistratura do Estado do Rio de Janeiro (Emerj).

Artur Diego Amorim Vieira

Doutorando em direito. Mestre em direito (2013). Servidor público municipal lotado na Procuradoria Geral do Município do Rio de Janeiro. Assistente de ensino e de pesquisa nos cursos de pós-graduação da FGV DIREITO RIO. Possui graduação em direito pela Universidade Cândido Mendes (Ucam). Tem experiência na área de direito, com ênfase em direito processual civil.

Bianca Ramos Xavier

Doutoranda em direito tributário na Pontifícia Universidade Católica de São Paulo (PUC-SP). Mestre em direito tributário pela Universidade Candido Mendes (Ucam). Sócia coordenadora do Setor Tributário da Siqueira Castro Advogados RJ. Diretora da Sociedade Brasileira de Direito Tributário (SBDT).

Diego Fernandes Ximenes

Mestrando em direito pela Universidade do Estado do Rio de Janeiro (Uerj) na linha "Finanças Públicas, Tributação e Desenvolvimento". Atua como assistente de ensino e de pesquisa nos cursos de pós-graduação da FGV DIREITO RIO. Bacharel em direito pela Faculdade Ideal (Faci). Advogado. Assessor jurídico da Secretaria de Estado de Fazenda do Rio de Janeiro.

Doris Canen

LL.M em tributação internacional pelo Kings College London. Pós-graduada em direito tributário pela FGV DIREITO RIO. Consultora sênior em tributação internacional na EY — correspondente do Brasil na IBFD (Amsterdã).

Eduardo Maccari Telles

Mestre em direito tributário pela Universidade Candido Mendes (Ucam). Procurador do Estado do Rio de Janeiro. Advogado no Rio de Janeiro, sócio de Tauil & Chequer Advogados Associados a Mayer Brown LLP. Coordenador e professor de direito tributário em cursos de pós-graduação da FGV DIREITO RIO. Professor de direito tributário em cursos de pós-graduação da Pontifícia Universidade Católica do Rio de Janeiro (PUC-Rio), da Universidade Candido Mendes (Ucam) e da Universidade Federal Fluminense (UFF), da Escola da Magistratura do Estado do Rio de Janeiro (Emerj) e do Instituto Brasileiro de Mercado de Capitais (Ibmec).

Leonardo de Andrade Costa

Coordenador da pós-graduação *lato sensu* em direito tributário da FGV DIREITO RIO. Professor da graduação e da pós-graduação da FGV DIREITO RIO. Mestre em direito econômico e financeiro por Harvard Law School, Cambridge, MA. International Tax Program/Universidade de São Paulo (USP). Pós-graduado *lato sensu* em contabilidade pela Escola de Pós-Graduação em Economia da Fundação Getulio Vargas (EPGE/FGV). Bacharel em economia e direito pela Pontifícia Universidade Católica do Rio de Janeiro (PUC-RJ). Auditor fiscal da Receita Estadual do Estado do Rio de Janeiro com atuação na área normativa da Superintendência de Tributação.

Lívia Ferreira

Mestre em direito constitucional pela Pontifícia Universidade Católica do Rio de Janeiro (PUC-RJ). Atualmente é assistente de pesquisa nos cursos de pós-graduação da FGV DIREITO RIO e também do projeto Supremo em Números na FGV DIREITO RIO.

Lycia Braz Moreira

Mestre em direito tributário pela Universidade Candido Mendes (Ucam). Especialista em direito tributário pelo Instituto Brasileiro de Estudos Tributários (Ibet). Bacharel em direito pela Universidade do Estado do Rio de Janeiro (Uerj). Coordenadora do curso de pós-graduação em direito tributário e do curso de extensão em direito processual tributário da Ucam. Professora dos cursos de pós-graduação em direito tributário da Fundação Getulio Vargas, da PUC-RJ e da Universidade Federal Fluminense (UFF). Professora licenciada de direito financeiro e tributário da Ucam.

Marciano Seabra de Godoi

Bacharel em direito (UFMG, 1994) e em economia (PUC-MG, 1995); mestre (UFMG, 1999) e doutor (Universidade Complutense de Madri, 2004) em direito tributário, com pós-doutorado (Bolsa Capes) em direito tributário realizado na Universidade Autônoma de Madri (2011-12). É professor dos cursos de graduação, mestrado e doutorado em direito da PUC-MG, além de professor do LL.M em direito tributário da FGV DIREITO RIO. É advogado em Belo Horizonte e presidente do Instituto de Estudos Fiscais (IEFi).

Márcio Augusto de Castro Teixeira

Bacharel em direito pela Universidade Candido Mendes (Ucam, 2004). Aprovado no concurso público para auditor fiscal da Receita Estadual do Rio de Janeiro em 2009. Auditor fiscal da Receita Estadual.

Nilson Furtado

Mestre em direito público pela Universidade do Estado do Rio de Janeiro (Uerj). Exerceu os cargos de técnico do Tesouro Nacional (hoje denominado analista tributário da Receita Federal), procurador do Instituto Nacional do Seguro Social (INSS) e procurador da Fazenda Nacional, ocupando hoje o cargo de procurador do estado do Rio de Janeiro, atuando como chefe da Assessoria Jurídica da Secretaria de Fazenda do Estado do Rio de Janeiro. Atua também como advogado no Estado do Rio de Janeiro.

Pedro Rique Nepomuceno

Graduado em direito pela Universidade Federal do Rio de Janeiro (UFRJ, 2010).

Rafaela Monteiro Montenegro

Formada em direito pela Escola de Direito da Fundação Getulio Vargas (FGV DIREITO RIO). Atua como advogada na equipe tributária do Escritório Siqueira Castro Advogados.

Renata da Silva França

Pós-graduanda em estudos literários pela Universidade do Estado do Rio de Janeiro (Uerj). Graduada em letras, com habilitação em português e literatura de língua portuguesa. Atua como revisora do material didático dos cursos de extensão e especialização da FGV DIREITO RIO.

René Furtado Longo

Mestre em direito tributário, advogado e consultor jurídico atuante desde 2005. Sua experiência profissional inclui a consultária fiscal e docência em cursos de MBA, LL.M e In Company da FGV, pós-graduação da Pontifícia Universidade Católica do Rio de Janeiro (PUC-RJ), além da atividade de professor na Escola da Magistratura do Estado do Rio de Janeiro (Emerj) e da Fundação Escola Superior de Defensoria Pública RJ (Fesudeperj). Autor de livros e artigos publicados no Brasil e exterior.

Semirames Khattar Mendes

Mestranda em direito público pela Universidade do Estado do Rio de Janeiro (Uerj). Formada em direito pela Uerj.

Thaíssa Affonso Valle

Mestranda em direito tributário pela Universidade do Estado do Rio de Janeiro (Uerj). Pós-graduada em direito tributário pela Fundação Getulio Vargas (RJ). Graduada em direito pela FGV (RJ). Pesquisadora do projeto "Custo Unitário do Processo de Execução Fiscal da União", Instituto de Pesquisa Econômica Aplicada (Ipea) e Conselho Nacional de Justiça (CNJ), 2010. Assistente de ensino e de pesquisa nos cursos de pós-graduação da FGV DIREITO RIO. Advogada do Setor Contencioso Tributário.

Impressão e acabamento: